MOTORRAD Reisführer

Die schönsten Routen in Italien

In Zusammenarbeit mit REISE ride on! MOTORRAD

Bruckmann

Eine Produktion des Bruckmann-Teams

Herausgeberin: Lixi Laufer

Konzeption (verantwortlich) und Redaktionsleitung:
Stephan Fennel,
Redaktionsbüro Lindenstrasse, Radevormwald

Lektorat: Hans Kowalski
Umschlaggestaltung: Studio Schübel, München
Layout-Entwurf / Bildredaktion: Achim Münster

DTP-Produktion: Achim Münster / Stephan Fennel
Herstellung: Peter Schneider

Kartografie: Theiss Heidolph
Computerkartographie / Computergrafik,
Eching am Ammersee

Bildnachweis:
Umschlagvorderseite: laif / Klaus H. Daams (großes Foto),
IFA-Bilderteam / Kanzler (oben).
Umschlagrückseite: IFA-Bilderteam / Kanzler (oben),
Martin Enenkel (kleines Foto).
Martin Enenkel: 4/5; 6/7; 7; 8; 9; 10; 11; 13; 14; 15(2); 16/17; 18; 112; 112/113; 115(2); 116; 117; 118; 119; 120/121; 122; 123; 124; 125; 126/127; 128/129; 132; 152; 168; 169; 172/173.
Stephan Fennel: 53; 55; 156.
Bernd Kregel: 61; 63; 66; 67; 68(2); 76; 78; 82; 83; 90; 154(2); 158; 160/161; 170.
Lixi Laufer: 74; 74/75; 81; 84; 85; 86/87; 88; 173.
Rolf Lüthi: 134/135; 137; 138; 139; 140; 142/143; 143; 145; 146; 147; 148; 149; 150/151.
Norbert Misch-Kunert: 1; 23; 24; 29; 30; 37; 92/93; 94; 96; 97; 98(2); 99; 100/101; 101; 102/103; 104; 106/107; 108; 163; 165; 170.
Andi Seiler: 40/41; 42; 43; 44/45; 46; 47; 48; 48/49; 49; 50/51; 52; 58/59; 62; 64; 166/167.
Trentino/Pressebüro München: 22/23; 25; 26; 31; 32/33; 35; 36; 152/153.

Die Deutsche Bibliothek – CIP-Einheitsaufnahme

Die schönsten Routen in Italien / [Hrsg.:Lixi Laufer]
München: Bruckmann 1998
(Motorrad – Reiseführer)
ISBN 3-7654-3397-7

Gesamtherstellung: Bruckmann, München
Printed in Germany
ISBN 3-7654-3397-7

Alle Angaben dieses Werks wurden von den Autoren sorgfältig recherchiert und auf den aktuellen Stand gebracht sowie vom Verlag auf Stimmigkeit überprüft. Für die Richtigkeit der Angaben kann jedoch keine Haftung übernommen werden. Für Hinweise und Anregungen sind wir jederzeit dankbar.

Bitte richten Sie diese an:
Bruckmann Verlag, Lektorat,
Nymphenburger Str. 86,
80636 München.

Die Reihe „Bruckmanns Motorrad Reisen“ entstand in Zusammenarbeit mit der Zeitschrift **REISE MOTORRAD/ride on!,** die vierteljährlich in der Lila Publishing Verlags GmbH, München, erscheint.
Tel. (089) 62 17 99-0, Fax (089) 62 17 99-20

EDITORIAL

Nach einer aktuellen Umfrage unter den Lesern der Zeitschrift REISE MOTORRAD ist Italien das mit Abstand beliebteste Reiseziel. Das gilt sowohl für den kurzen Wochenend-Trip als auch für den Jahresurlaub auf zwei Rädern. Unser südlicher Nachbar hat in punkto landschaftlicher Vielfalt reichlich zu bieten. Doch nicht nur die Routen durch die schroffen Dolomiten oder die malerische Toskana, am Gardasee oder auf Sardinien und Sizilien sind ein Genuß. Freunde des guten Speisens und Trinkens kommen hier ebenso auf ihre Kosten. Und wenn die Gegend mal nicht hält, was sich der Biker davon verspricht, gibt es immer noch ein volles und tolles Besichtigungsprogramm. Schließlich haben einige Jahrtausende Hochkultur im ganzen Land ihre deutlichen Spuren hinterlassen: von Bozen bis Messina, von Venedig bis Florenz. Viel Vergnügen!

Lixi Laufer (Herausgeberin, Chefredakteurin REISE MOTORRAD)

Einsam unter blauem Himmel: Es ist ein Genuß, mit dem Motorrad durch die schönsten Regionen Italiens, wie hier auf Sizilien, zu touren.

Trotz aller regionaler Unterschiede, in einer Sache sind sich alle Dolomiten-Bewohner einig: Die unerschütterlich in den blauen Himmel ragenden Felsmassive sind für sie wahrhaft märchenhafte Berge.

Nockerln oder Gnocchi

Von Alena und Martin Enenkel

Mal bäuerlich, mal raffiniert präsentiert sich die Kunst der Dolomiten-Bewohner, dem Teig (Nudeln bzw. Gnocchi und Nockerln werden aus Teig gemacht) Hunderte von Formen und Geschmacksrichtungen zu geben. Kein Wunder, denn auf kleinstem Raum finden sich hier die Spezialitäten von gleich drei Kochtraditionen und immer die passenden Tropfen dazu. Alles ist eben fein beieinander: Italienischer Lebensstil, ladinisches Traditionsbewußtsein und der Apfelstrudel als süßestes Überbleibsel der Habsburger-Monarchie. Gekommen sind wir in die Heimat Reinhold Messners aber vor allem wegen drei anderer Superlative: den meisten Dreitausendern, den verschlungensten Wegen und den stillsten Tälern der alpinen Gebirgskette.

Da kommt Freude auf: Der Einstieg in den Grande Giro delle Dolomiti, hier mit Blick auf das malerische Antholzer Tal, läßt jedes Bikerherz höherschlagen.

Was kann, bei solchen Voraussetzungen, bei einer Mopedtour durch die Dolomiten überhaupt noch schiefgehen!? Na ja, zum Beispiel, daß man sich ein bißchen mit der Reisezeit verschätzt hat und sich, mitten im April in Schneestürmen eingehüllt, laut fluchend durch das Pustertal kämpfen muß. Glücklicherweise werden wir in Bruneck von unserem guten Freund Markus königlich empfangen – was heißt: steifgefroren vom Motorrad gehoben und anschließend mit Mamas heißem Tee und den bereits beschriebenen Kochkünsten wieder auf vernünftige Körpertemperaturen gebracht.

Anreise

Die schnellste, wenn auch nicht gerade schönste Anfahrt zu den Dolomiten, erfolgt am besten über Innsbruck und die oft recht kühle Brenner-Paßstraße. Zeitaufwendiger, aber ungleich schöner ist die Anreise über die Hohe Tauern-Paßstraße und den Stallersattel im Osten bzw. Sölden und das Timmelsjoch im Westen.

Magisch schöne Landschaft

Nach einer gerade recht kommenden feuchtheißen Nacht in den Pubs von Bruneck sieht die Welt am nächsten Morgen auch schon wieder ganz anders aus: Es schneit... Glücklicherweise reißt der am Mittag aufkommende Wind die Schneefronten schnell wieder auf, und nach ein paar leckeren „Abschieds-Nockerln" wagen wir uns schließlich wieder in die Höhle des Löwen. Kurz nachdem wir uns auf den wunderbar verschlungenen Sträßchen des Gardertales in Richtung Corvara hochgearbeitet haben, stockt uns auch schon der Atem. Zum erstenmal bekommen wir die einzigartigen Felsformationen der Dolomiten zu sehen.

Die Dolomiten sind wahrhaftig märchenhafte Berge. Ob Trentiner, Bellunesen oder Tiroler, alle Bewohner des mächtigen Massivs am südöstlichen Rand des Alpenbogens mit seiner manchmal schauerlichen, manchmal bizarren, immer wieder aber magisch schönen Landschaft haben es zurecht in unvergleichlich poetische Schöpfungsmythen verwoben. Bei einem heißen Zitronentee in der Dorfkneipe von Corvara erfahren wir von der Wirtin, warum die Dolomiten auch die „bleichen Berge" genannt werden: „Weil das Zwergenvolk sie mit Fäden aus Mondlicht eingesponnen hat, um eine heimwehkranke Mondprinzessin auf Erden bei ihrem Märchenprinzen zu halten." Wer mag bei solchen Umschreibungen überhaupt noch über die langweiligen geologischen Entstehungstheorien von Wissenschaftlern grübeln.

Nicht ein einziger Tourist weit und breit

Schnell stellen wir fest, welchen besonderen Vorteil unser etwas frühzeitiges Erscheinen in den Dolomiten hat – nicht ein einziger Tourist weit und breit. Bei minus zehn Grad auf dem malerischen Grödner Joch wundert uns das allerdings kaum – so verrückt, hier auch noch mit dem Motorrad rüberzudüsen, können nur wir sein. Die atemberaubenden Ausblicke auf das Grödner Tal und die mächtige Sella-Gruppe wärmen uns jedoch schnell wieder auf. Es ist das Luis-Trenker-Land am Langkofel: Sein Grab gegenüber dem St.-Anna-Kirchlein von St. Ulrich ist ausgeschildert wie ein Kulturdenkmal – vermutlich, weil es im ganzen Tal außer den Natur-

Schönheit: Das Hauptstädtchen Bruneck hat eine fein herausgeputzte Altstadt. Für einen Spaziergang bieten sich sehenswerte Ziele wie das Schloß Bruneck, die Kirche Katharina auf dem Rain und die Ursulinenkirche an.

schönheiten kaum eine Handvoll Sehenswürdigkeiten gibt. Selbst die stolze Trostburg, die den Taleingang bei Waidbruck bewacht, können wir nicht besuchen – sie ist geschlossen. Es sind wohl noch zu wenige Touristenbusse im Tal angekommen.

So bleibt uns nichts anderes übrig, als noch ein wenig die Grödner Schnitzkünste sowie das sagenhafte Echo des Langkofel und der Sella-Wände zu genießen, bevor wir uns zu einem kurzen Abstecher in die Brenta-Dolomiten begeben. Nur vierzig Kilometer lang und zwölf Kilometer breit ist der westliche Appendix der Dolomiten, und doch zählen seine Felsnadeln und Felstürme zu den spektakulärsten Formationen.

Reichhaltig: frisches Pilzangebot auf dem Markt von Bruneck.

Nach atemberaubender Fahrt über den engen, verwinkelten und immer wieder mit faszinierenden Ausblicken aufwartenden Mendola-Paß treffen wir pünktlich zum Sonnenuntergang auf dem Campingplatz von Dimaro ein. Die schöne Lage im Val del Sol läßt man sich allerdings auch bezahlen. In der Nebensaison 30 Mark für einen Campingplatz abzudrücken, um sich dann in der Nacht auch noch den Hintern abzufrieren – was kann das für einen Sinn machen? Das nächste Mal nehmen wir lieber „Zimmer frei" in Anspruch, zumal das oft nicht einmal mehr kostet.

Der Sternenhimmel in der Nacht ist gigantisch, die Minustemperaturen und unser Zähneklappern sind es ebenso – die Eichhörnchen haben bei dem Lärm sicher kein Auge zugetan. Sehnsüchtig erwarten wir am Morgen den Sonnenaufgang, früher wagen wir es gar nicht, auch nur die Zehen aus dem Schlafsack zu strecken.

Das häßliche Entlein der Dolomiten

Nach einem glühend heißen Kaffee und einem ofenfrischen Apfelstrudel gondeln wir langsam in Richtung Madonna di Campiglio. Der einzige Ort, der untrennbar mit dem Namen Brenta verbunden ist, ist gräßlich verbaut. Dennoch kommt Jahr für Jahr die italienische High Society zum häßlichen Entlein der Dolomiten, um ausgerechnet hier ihr so wichtiges Gesichtsbad zu nehmen. Wie schön muß es im vorigen Jahrhundert gewesen sein, als noch der ganze österreichische und europäische Hochadel in Madonna di Campiglio gastierte und selbst Kaiserin Sissi auf den Bergwiesen marschierte, die noch heute „Gärten der Königin" heißen. Wen wunderts, daß der Festsaal des Hotels Des Alpes und das Café Suisse, einst Kaiser Franz-Josephs Jagdhaus, als Relikte der touristischen Hochblüte die kulturellen Hauptattraktionen des Ortes sind. Die Täler rings um Madonna haben dafür Ihren ganz besonderen Reiz: Sie sind einsam, kaum eine Menschenseele weit und breit und alle Vegetationszonen verwöhnen das Auge – ein idealer Ort zum Entspannen und Genießen.

Die letzten Braunbären des Trentino

Über den Paso della Morte gelangen wir trotz des etwas beunruhigenden Namens kerngesund zum malerischen Lago di Molveno, in dessen glasklarem Seewasser sich die wilde Bergwelt der Brenta spiegelt. Die sich bei diesem Anblick zwangsweise aufdrängenden Pläne, unser nächstes Camp trotz der Kälte am See aufzuschlagen, verwerfen wir schnellstens wieder: Ein großes Informationsschild klärt uns über die letzten Braunbären des Trentino auf – hmm, ein anderes Mal vielleicht.

Statt dessen schlagen wir uns noch bis ins Etschtal durch, dem Wein- und Obstanbauzentrum Südtirols. Im zauberhaften Margreid finden wir eine kleine und günstige Pension. Der gerade mal 1050 Einwohner zählende Ort ist mit einem Gesamtkunstwerk zu vergleichen. Ansitze und behäbige Höfe drängen sich wunderschön in den engen Gassen zu Füßen des Fennebergs. „In vino veritas est", steht bereits am Ortseingang: Ob was dran ist, können wir gleich bei einem der zahlreichen privaten Weinanbauer testen. Wären wir nicht mit dem Motorrad unterwegs, würden wir sicher gleich ein paar Flaschen des guten Tropfens mitnehmen.

Südtirols Landeshauptstadt Bozen müssen wir aus Zeitmangel leider links liegen lassen, aber schließlich sind wir hauptsächlich wegen des Naturerlebnisses in die Dolomiten gekommen; die Kulturschocks holen wir uns ein anderes Mal. Langsam aber sicher schlängeln wir uns statt dessen durch das traumhafte Tierser Tal und über den Negro-Paß in Richtung Belluneser Dolomiten. Kaum zu glauben, daß wir hier nirgendwo Skilifte oder andere Kennzeichen des Wintertourismus erkennen können.

Motorradspaß pur: Die Fahrt über das 2240 Meter hohe Sella Joch gehört zu den landschaftlich reizvollsten Routen der Dolomiten.

Das Dörfchen Steinegg auf dem Buckelberg und das Tierser Tal selbst gehören zu den raren Plätzen in prominenter Lage, die ohne Skizirkus auskommen. Um so ursprünglicher ist die ganze Gegend geblieben, nichts als Streicheleinheiten für strapazierte Nerven.

Naturdenkmäler wie die Wände von Latemar, Rosengarten und die Ausläufer des Schlerns, die Erdpyramiden bei Steinegg und das wilde Tschamintal zählen zu den Höhepunkten unserer Dolomiten-Tour. Ein Postkartenmotiv folgt dem anderen. An dem schindelgedeckten spätromanischen Kirchlein St. Zyprian an der Tierser Straße in Richtung Rosengarten legen wir erst einmal eine kleine Fahrpause ein und lassen die faszinierenden Felswände um uns herum, einfach eine Weile auf uns einwirken.

Frische Luft macht hungrig

Frische Luft macht hungrig – die Speckjause in der rustikalen Tschamin-Schwaige am Eingang des Tschamintals kommt uns da gerade recht. Beim Essen vergessen wir fast das Atmen, so schnell verschwindet der leckere Speck in unseren Mägen. Gut gestärkt dringen wir danach tief in die Belluneser Dolomiten ein und kommen erst im Val di Zoldo zum Halt. Hier recken sich die meisten Dolomiten-Dreitausender gen Himmel.

Die Anfahrt zu den überwältigenden Klötzen ist anstrengend und umständlich – das hält die Bequemen und Durchreisenden fern. Kein Wunder also, daß das Val di Zoldo weltverloren im Bann von Civetta und Monte Pelmo vor uns liegt. Schwer zu glauben, daß hier früher einmal Eisen gefördert und zu international gefragten Nägeln verarbeitet wurde.

Die Industrialisierung und mehrere üble Überschwemmungen haben Ende des 19. Jahrhunderts zu einem geradezu biblischen Exodus geführt. Wer nicht auswanderte, erfand einfach einen neuen Beruf, den des „gelatiere": Die Eismacher aus dem Tal arbeiten heute überall in Europa und gehören zu den besten überhaupt – Alena muß jedenfalls aus jedem Eisladen an den Beinen herausgezogen werden.

Am grünen Bergsee

Unter den schroffen Wänden der Civetta mit ihrem dichten Mantel aus Fichten und Tannen schlagen wir in der Nähe von Alleghe unser nächstes Nachtlager auf. Im grünen Bergsee schimmert das urige Dorf auf seinem Halbinselchen. In der örtlichen Pizzeria erfahren wir von einem alten Haudegen – der es tatsächlich schafft, uns an einem Abend den gesamten Zweiten Weltkrieg zu erklären –, wem das Dorf seinen idyllischen See zu verdanken hat – einer Naturkatastrophe: 1771 löste sich eine gewaltige Geröll-lawine vom Monte Piz und schnitt den Flußlauf des Cordevole ab. Das Wasser schwemmte das heutige Becken des Sees frei und begrub acht kleine Siedlungen unter sich.

Imposant: Anblick der Sella-Gruppe bei Überquerung des Grödner Jochs.

Als wir beim Erzählen der Geschichte das Glänzen in den Augen unseres Veteranen erspähen, verabschieden wir uns doch lieber in unser Zelt, bevor wir die ganze Nacht kein Auge zudrücken können. Das erledigt allerdings die Kälte. Thermounterwäsche, Jogginghose, Sweatshirt, Faserpelz im Schlafsack und auch noch die darübergeschwungene Goretex-Jacke können das große Zähneklappern wieder nicht verhindern: Nie mehr Zelten im April in den Dolomiten – soviel steht fest.

Am frühen Morgen „erobern" wir den Paso Fedáia – glücklicherweise treffen wir nicht auf feindlichen Widerstand. Und so dauert es nicht lange, bis wir die schaurigen Geschichten unseres Veteranen endlich vergessen haben und die majestätische Eiswand der immerhin 3342 Meter hohen Marmolada bestaunen können. Der Stausee oben auf dem Paß ist noch komplett eingefroren, ein Paradies für Schlittschuhläufer, nicht aber für uns ohnehin kältegeschädigte Motorradfahrer.

Kurzes Gipfelglück

Die Freude währt also nicht lange – nichts wie wieder runter vom Paß in wärmere Gefilde. Irgendwo geht es hier aber überall wieder über irgendeinen Paß hinauf. Ein hoffnungsloses Unterfangen, die Dolomiten auf temperaturfreundlicheren 500 Metern Höhe zu durchqueren – was für ein Glück, denn der Paso Pordoi ist trotz Eiseskälte ein weiteres Highlight der bleichen Berge.

Irgendwie erscheint alles unwirklich, als würden wir durch eine überdimensionierte Spielzeuglandschaft mit Plastikbäumen und Pappebergen fahren. Ein kurzes Gipfelfoto und gerade zehn Minuten

Im Abseits: Auch einsame Schotterpfade wie hier im Villnößtal sind in den Dolomiten noch anzutreffen.

Kühlschrank: arktische Temperaturen führen zur traumhaften Winterlandschaft am Stausee auf dem Fedáia-Paß (oben). Die urige Altstadt von Kastelruth lädt zum Verweilen ein.

Gipfelglück, mehr ist bei den Minusgraden hier oben einfach nicht drin.

Den geplanten Seilbahnausflug auf den 2950 Meter hohen Sass Pordoi lassen wir kurzfristig sausen; wir kriegen jetzt schon kaum die Finger krumm, um Brems- und Kupplungshebel bedienen zu können. Während der Abfahrt wird uns jedoch schnell wieder heiß, als die Africa Twin unter einer Skipisten-Brücke plötzlich querstehend auf eine Kurve zurutscht. Mit einem zirkusreifen Manöver können wir gerade noch einen Sturz verhindern. Gleiches gelingt mir nicht mehr, als ich per pedes den Grund für unseren plötzlichen Adrenalinstoß ausmachen will und nur kurze Zeit später ziemlich überrascht auf der Nase liege. Unter der Skipisten-Brücke glänzt meiner neugierigen Nase spiegelglattes Eis entgegen – manchmal braucht man wirklich mehr Glück als Verstand. Von nun an durchfahren wir ähnliche Passagen lieber im Schritttempo. Über den Paso di Giao scheinen so Stunden zu vergehen.

Hundemüde und tiefgefroren trudeln wir schließlich in Cortina d'Ampezzo ein und springen in einer etwas außerhalb des Ortes liegenden kleinen Pension in eine kochendheiße Badewanne. Ein paar Vorteile bietet die Zivilisation doch. Die Schmerzen sind zwar zunächst kaum zum Aushalten, aber die eingefrorenen Knochen müssen schließlich irgendwie wieder auftauen.

In Cortina ist es ähnlich wie in Madonna. Alle jammern über Cortina, aber jeder fährt hin – zumindest jeder Italiener, der etwas auf sich hält. Das heißt, im Sommer halten sich in dem 8000 Einwohner zählenden Städtchen sage und schreibe 30 000 Touristen auf. Die vielfältige Prominenz steigt dabei gleich in der eigenen Villa ab und mischt sich gar nicht erst unters neureiche Volk. Das promeniert täg-

Das Tiroler Gegenstück zum kanadischen Lake Louise: der tiefgrüne Pragser Wildsee, in dem der Seekofel auf ewig sein Antlitz zu ergründen scheint.

lich am späten Nachmittag in sündhaft teuren Pelzmänteln auf dem Corso d'Italia, dem Boulevard der Eitelkeiten bzw. der Einkaufsstraße und Fußgängerzone. Trotzdem gefällt es uns hier. Die wilden Wände von Cristallo und Sorapis, von Tofana di Rozzes und die Tofana di Mezzo strahlen über dem weiten Tal die großzügige Festlichkeit eines Opernhauses aus. Würden die Grundstückspreise nicht über denen in der Metropole Mailands liegen, würde hier vermutlich halb Italien wohnen.

Die Drei Zinnen von Lavaredo

Den Leckerbissen unserer Dolomitentour haben wir uns für den Schluß aufgehoben, und würde uns jemand fragen, wo es uns am besten gefallen hat, dann würden wir im Nachhinein sagen, rund um das Wahrzeichen der Dolomiten: die Drei Zinnen von Lavaredo.

Die Gegend hier ist eine Wucht und begeistert uns von dem Moment an, als wir über den Tre Croce-Paß getrudelt kommen. Wir kommen uns vor wie in Kanada, denn genauso sieht es hier in kaum kleineren Dimensionen aus. Die Konzentration auf die Straße fällt schwer, denn wir wissen nicht, wo wir als erstes hinschauen sollen. Eine schöne Strecke nach der anderen schrauben wir uns in Richtung der drei Zinnen hinauf. Wir können es kaum erwarten, von oben einen Blick auf diese Landschaft zu werfen. Doch diesmal bleibt unser Gipfelsturm erfolglos – 500 Meter unterhalb der Schutzhütte mit Adlerblick hält uns ein Meer aus Schnee auf. Die im Winter tief verschneite Straße ist immer noch nicht bis nach oben abgetaut und deshalb auch für unsere Africa Twin unpassierbar. Selbst mit ein paar Spikes hätten wir bei den Schneemengen wohl schlechte Karten. Gesenkten Hauptes ziehen wir wieder von dannen – „doch heute ist nicht alle Tage, wir kommen wieder, keine Frage..." Die Fahrt hierher war schließlich schon ein einzigartiges Erlebnis, und kurz hinter dem wildromantischen Dürrensee erhalten wir doch noch einen schönen Blick auf die Drei Zinnen von Lavaredo.

Gipfelglück auf dem Paso Pordoi: bei den vorherrschenden Minusgraden nur ein kurzes Vergnügen.

Besinnliche Wanderung

Auf dem Rückweg zu unserem Freund Markus nach Bruneck machen wir noch kurz Zwischenstation am tiefgrünen Pragser Wildsee. Mit einer kleinen besinnlichen Seewanderung, einem gemütlichen Kaffee auf der Sonnenterrasse und einem Überbleibsel der Habsburger-Monarchie, sprich Apfelstrudel, verlassen wir das Herz der bleichen Berge. Bevor wir uns auf den Weg nach Hause begeben, serviert uns Mama Nocker aber noch die besten Gnocchi seit Menschen Gedenken. Schwer zu sagen, was besser war: die Nockerln zur Begrüßung oder die Gnocchi zum Abschied.

Vermutlich ist das aber so, als wolle man die französischen Seealpen mit den Dolomiten vergleichen. Die Dolomiten in ihrer unverwechselbaren Eigenart dulden keinen Vergleich. Den einmaligen Zauber exotisch-märchenhaft anmutender Felsgestalten kann man nur am Ort der Ursprünglichkeit erfahren – seien es die wie Riesenfinger aufragenden Vajolett-Türme, der eisgepanzerte Rücken der Marmolada, das zur Gipfelregion angehobene Plateau des Sella-Massivs oder die festungsartig wehrhaften Formen der Drei Zinnen von Lavaredo.

ALLGEMEINES

Die Dolomiten-Region grenzt im Osten an die Lienzer und Karnischen Alpen, erstreckt sich vom Pustertal an südlich bis zur Po-Ebene und endet im Westen an Eisack- und Etschtal. Als höchste Erhebung präsentiert sich die vergletscherte Marmolada mit Punta Penia und 3342 Metern. Durch die starke Gliederung der Region ergibt sich die größere Anzahl von Tälern und ein dichteres Straßen- und Wegenetz als anderenorts in den Alpen. Im vorwiegend zentralistisch regierten Staat hat die Dolomiten-Region eine weitgehend eigenständige Gesetzgebung und Verwaltung. Alle Dolomiten-Bewohner sind italienische Staatsbürger, deren Landschaft auf die drei Provinzen Belluno, Südtirol und Trient aufgeteilt ist. Südtirol und das Trentino bilden zusammen eine der fünf autonomen Regionen Italiens. Drei Wetter, drei Sprachen, drei Provinzen – wohin soll man sich also wenden im unergründlichen Gipfelmeer? Tja, die Idealroute ist nur ein Faden fürs Labyrinth. Man kann ihn nach Belieben verlängern oder verkürzen.

KLIMA UND REISEZEIT

In den Dolomiten herrscht trotz der hohen Berge in der Regel (die durch Ausnahmen bestätigt wird) ein milderes Klima als in den übrigen Alpen. Der Hauptkamm schützt das Massiv vor den kalten Winden aus dem Norden und Osten Europas. Warme Luftmassen können aus dem Süden leicht vorstoßen und so die winterliche Kälte mildern. Dennoch gibt es drei verschiedene Temperatur und Niederschlagszonen. Ein submediterran geprägtes, wohltemperiertes bis frisches Klima dominiert den Süden der Dolomiten. Die übrigen Täler werden durch relativ kühles Kontinentalklima charakterisiert. Nur in reiner Gebirgslage herrscht ausgesprochen kaltes Klima vor. Die beste Reisezeit dürfte sich zwischen Ende Mai und Mitte September bewegen – alle Hochsaisontermine (Ferienzeit) sollten nach Möglichkeit gemieden werden.

ATTRAKTIONEN

Neben den zahlreichen Naturparks, die die außergewöhnlichen Naturschönheiten sowie Tier- und Pflanzenwelt der Dolomiten schützen sollen, sind vor allem zwei besondere Feste sehr sehenswert: Das Feste Vigiliane, bei dem Trento seinen Schutzpatron S. Vigilio mit Schauspielen und Floßfahrten zwischen dem 26. und 29. Juni feiert, sowie der Palio di Feltre – das Mittelalter wird lebendig bei diesem Kostümfest im August.
Platz und Möglichkeiten für Aktivitäten hat man in den Dolomiten wahrlich genug. Traumhafte Wanderwege oder anspruchsvolle Klettersteige, Ski-, Angel-, Drachen-, Gleitschirm- und Mountainbike-Reviere der Extraklasse haben für jedes Gemüt etwas zu bieten.

ESSEN

Die italienische Küche ist bekanntlich eine Küche der Regionen – in den Dolomiten dreht sich allerdings ein kulinarisches Karussell. Wo immer man aber auch Station macht, eines steht fest: Überall fängt eine anständige Mahlzeit mit herzhaften Würsten, Speck oder Schinken als Vorspeise (antipasto) an. Die eigentlichen Vorspeisen sind die primi piatti, wie Suppe, Nudeln, Reis, Teigtaschen, Knödel und Nockerln. Geradezu eine Leibspeise stellen die Gnocchi dar, die im Trentino mit Marmelade und Mohn gefüllt (ciaroncie), in den Belluneser Bergen mit Schinken und Kürbis oder Spinat (casonzie), in Südtirol mit Topfen und Spinat (Schlutzkrapfen). Ausgezeichnetes Essen und eine freundliche Bedienung in Biker-Atmosphäre findet man in Adi´s Bikeregg, in Rodeneneck, Vill 13/A.

NIGHTLIFE

In Bruneck, Cortina, Bozen und Madonna di Campiglio findet man grundsätzliche gute Abendunterhaltung – hier ist von der großzügig angelegten Discothek, insbesondere für den Winter- und Sommertrubel, bis zur urig gehaltenen lokalen Kneipe wirklich alles zu finden.

GELD/KOSTEN

Banken, um italienische Lire zu wechseln, finden sich überall. Es wird jedoch meistens auch deutsche bzw. österreichische Währung akzeptiert. Das Einlösen von Euro- und Travellercheques (Eurocheques bis maximal 300 000 Lire) ist gar kein Problem, zum Geldabheben stehen rund um die Uhr auch ec-Geldautomaten zur Verfügung. Kreditkarten werden in den meisten Hotels, Restaurants und Geschäften akzeptiert. Devisen können in unbegrenzter Höhe eingeführt und bis zu einem Höchstbetrag von 20 Millionen Lire wieder ausgeführt werden. Die Lebenshaltungskosten sind etwas teurer als in Deutschland. Die Eintrittspreise zu den meisten Sehenswürdigkeiten sind deftig – Folgen eines touristischen Gigantomanismus in den Sommermonaten.

HOTELS

Generell kann man überall, in allen Preisklassen und ohne langfristige Vorbestellung in Hotels, Pensionen, Privatzimmern oder auf den zahlreichen Campingplätzen übernachten – es sei denn, es ist Hauptsaison.

Laurin, Laurinstr. 4, Bozen, Tel.: +39 (471) 980500, Fax: 970953.
Vornehmes Hotel aus der Jahrhundertwende mit sehr feinem Restaurant, 96 Zimmer, DZ ab 150 000 Lire.

Gasthaus Figl, Kornplatz 9, Bozen, Tel.: +39 (471) 978412.
Einfaches altes Gasthaus, malerisch mitten in der Altstadt gelegen, Parkplatz in der Fußgängerzone, 25 Zimmer, DZ 60 000 – 90 000 Lire.

Sporthotel Gran Baita, Meisules Str. 145, Wolkenstein, Tel.: +39 (471) 795210, Fax: 795080.
Garten, Hallenbad und Tennisplätze, 65 Zimmer, DZ 90 000-120 000 Lire.

Goldenes Rößl, Bühlweg2, Kastelruth (Seiser Alm), Tel.: +39 (471) 706337, Fax: 707172.
Schlafen wie die Grafen im 600 Jahre alten Hotel, 23 Zimmer, DZ 90 000-150 000 Lire.

Hotel Drei Zinnen, St.-Josefs-Str. 28, Sexten, Tel.: +39 (474) 70321, Fax: 70092.
Stilechtes Hotel, erbaut von Clemens Holzmeister, dem Architekten des Salzburger Festspielhauses, mit traumhaftem Interieur, 38 Zimmer, DZ 90 000-150 000 Lire.

Pensione Lory, Via Sorano 23, Madonna di Campiglio, Tel.: +39 (465) 52008.
Eine überaus liebenswerte Wirtin kocht für Ihre Gäste ein täglich wechselndes Menü. Vorzeitige Reservierung ist bei einem solch' mütterlichen Angebot selbstverständlich, 10 Zimmer, DZ 50 000-70 000 Lire.

Hotel Fiames, Loc. Fiames 13, Cortina d'Ampezzo, Tel.: +39 (436) 2366.
Tolle Atmosphäre, gute Küche, niedrige Preise für ruhige Nächte fernab der Promis. 13 Zimmer, DZ 60 000-90 000 Lire.

Villa Gaia, Via delle Guide Alpine 96, Cortina d'Ampezzo, Tel.: +39 (436) 2974, Fax: 2367.
Traumblick auf die Tofanen und sehr gute Küche sind die Vorzüge der Villa Gaia, 16 Zimmer, DZ 90 000-150 000 Lire.

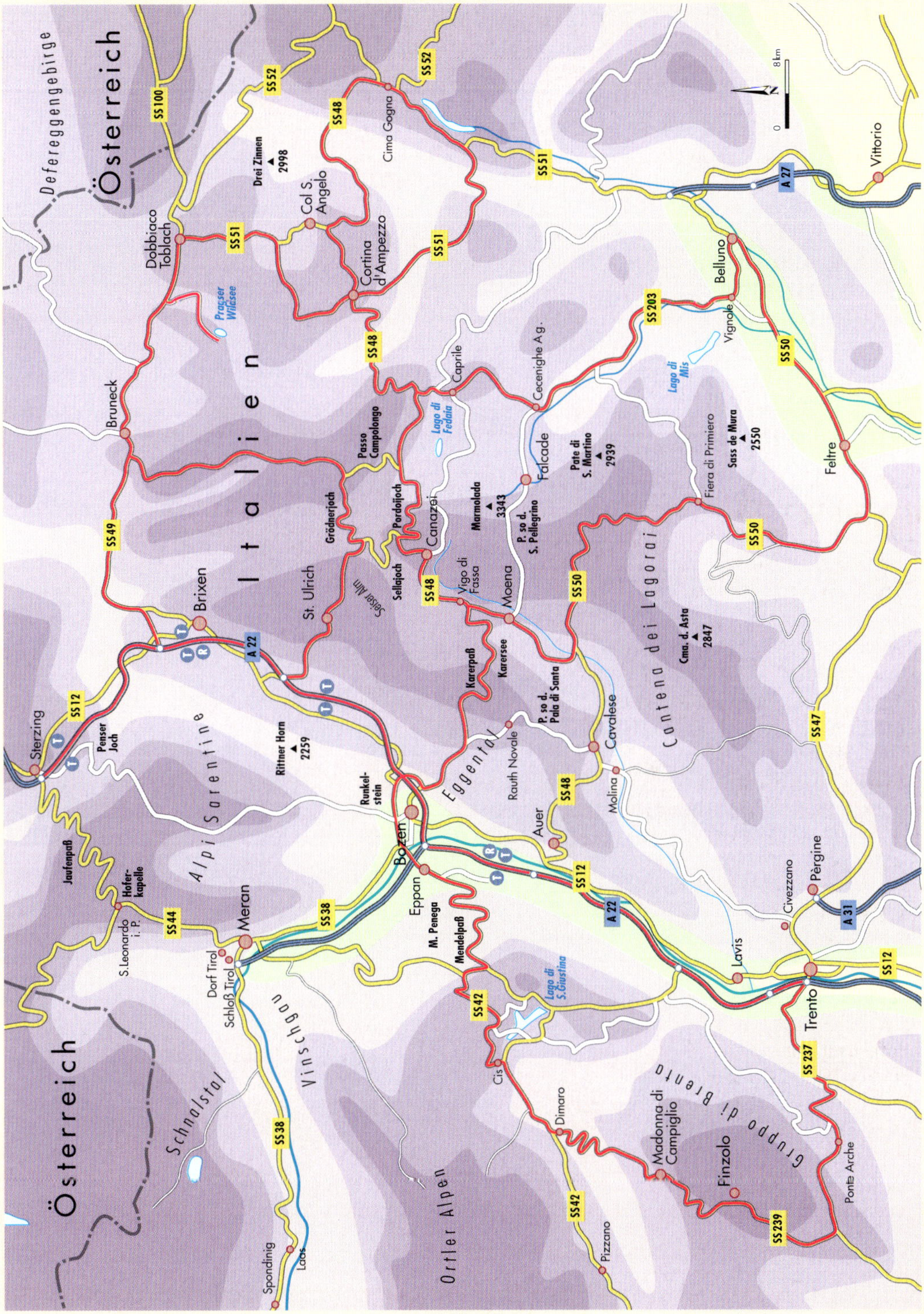
Österreich
Österreich
Italien
Defereggengebirge
Dobbiaco Toblach
Drei Zinnen 2998
Col S. Angelo
Cortina d'Ampezzo
Cima Gogna
Pragser Wildsee
Bruneck
Passo Campolongo
Lago di Fedaia
Caprile
Cencenighe Ag.
Belluno
Vignole
Lago di Mis
Brixen
St. Ulrich
Grödnerjoch
Pordoijoch
Sellajoch
Seiser Alm
Canazei
Vigo di Fassa
Marmolada 3343
P. so d. S. Pellegrino
Falcade
Pale di S. Martino 2939
Fiera di Primiero
Sass de Mura 2550
Feltre
Moena
Karerpaß
Karersee
Sterzing
Penser Joch
Rittner Horn 2259
Alpi Sarentine
Runkelstein
Eggental
Rauth Novale
P. so d. Pala di Santa
Cavalese
Catena dei Lagorai
Cma. d. Asta 2847
Molina
Jaufenpaß
Hoferkapelle
S. Leonardo i. P.
Meran
Dorf Tirol
Schloß Tirol
Bozen
Eppan
M. Penega
Mendelpaß
Auer
Cembra
Civezzano
Pergine
Lavis
Trento
Lago di S. Giustina
Vinschgau
Schnalstal
Ortler Alpen
Cis
Dimaro
Madonna di Campiglio
Finzolo
Gruppo di Brenta
Ponte Arche
Pizzano
Spondinig
Laas
Vittorio
SS100
SS52
SS48
SS51
SS49
SS12
SS203
SS50
SS47
SS44
SS38
SS42
SS237
SS239
A 22
A 27
A 31
0 8 km

Urlaub bei Freunden

Motorradfahrer willkommen: Während man in Deutschland noch über Streckensperrungen lamentiert, hat sich in Italien die gesamte Region Trentino als bikerfreundlich erklärt.

Von Norbert Misch-Kunert

Gute Gründe, seinen Urlaub im Trentino zu verbringen, gab es schon immer. Die Doppelprovinz im hohen Norden Italiens ist schnell zu erreichen, bietet ideale klimatische Bedingungen und fasziniert durch ihre einzigartige Naturlandschaft. Doch seit dem Sommer 1997 gibt es noch einen weiteren Grund: Das Trentino hat sich zur motorradfreundlichen Region erklärt. Geistiger Vater der Aktion „Urlaub mit dem Motorrad" ist Marco Franceschini, Mitarbeiter des Landesfremdenverkehrsamtes Trentino und selbst begeisterter Biker. Franceschini weiß, was es bedeutet, nach einem langen Tag im Sattel im Hotel oder einer Pension anzukommen und dort ein willkommener Gast zu sein: „Die Rückenschmerzen, die Kälte und die Feuchtigkeit nach einem Regen sind im Nu vergessen, angesichts eines freundlichen Lächelns und des Bewußtseins, daß dein Motorrad gut untergebracht ist."

Dazu bedarf es, wie wir alle aus leidvoller Erfahrung wissen, eines Gastgebers, der den speziellen Bedürfnissen von Bikern aufgeschlossen gegenübersteht. Leider trifft man noch viel zu oft auf den Typ „sauertöpfischer Kleingastronom", der beim Anblick von durchnäßten Bikern um sein Perserteppichimitat bangt und auf dem spinnwebgesäumten Schlüsselbrett eigentlich kein freies Zimmer mehr entdecken mag.

120 gastfreundliche Hotels warten auf Biker

Das soll uns im Trentino, dank Signor Franceschini, nicht passieren. Über 120 Hoteliers und Campingplatzbetreiber haben sich der Initiative „Urlaub mit dem Motorrad" angeschlossen. Sie bilden ein dichtes Netz an Unterkünften, das sich über die gesamte Region verteilt. Damit man das motorradfreundliche Haus schon von außen erkennt, tragen alle Herbergen und Plätze deutlich sichtbar ein orangefarbenes Schild: das „Motorrad unter dem Dach".

Neben dem herzlichen „Benvenuto" bieten die Trentiner Gastbetriebe auch einige konkrete und recht nützliche Serviceleistungen. An erster Stelle steht die Unterbringung des Motorrads an einem geschützten Ort, sprich: in einer Garage oder einem verschlossenen Innenhof. Das streichelt vor allem die empfindsamen Seelen deutscher Edelbike-Besitzer, obwohl – Hand aufs Herz – die Klaugefahr im Trentino keinen Deut größer ist als etwa im Schwabenländle.

Die Hochebene von Folgaria-Lavarone: eine eigene kleine Welt mit saftigen Almwiesen und verschlafenen Dörfern.

Als zweites bekommt man ein Infopaket überreicht, das so nützliche Dinge enthält wie eine Landkarte des Trentino, ein Roadbook mit Tourenvorschlägen und eine Liste aller weiteren motorradfreundlichen Betriebe. Wer mag, kann das aus England bekannte „bookabedahead"-System praktizieren: Der Hotelier bucht auf Wunsch die Unterkunft für die nächste Etappe. So gibt es keine lästige Suche am Abend, wenn das angesteuerte Hotel wider Erwarten ausgebucht sein sollte. Überhaupt will man dem motorradfahrenden Gast mit Rat und Tat zur Seite stehen. Die Broschüre des Verkehrsamtes schildert es sehr blumig: „Hier findest Du Menschen, die Deine Sprache sprechen, die Deinen Freiheitsdrang teilen, die Dir sagen können, wo sich die nächstgelegene Werkstatt befindet, und die nicht zögern, Dir das richtige Werkzeug zu geben und sich mit Dir beim Putzen des Vergasers die Hände schmutzig zu machen." Vergaser putzen mit dem Fünf-Sterne-Hotelier – das klingt zwar leicht übertrieben, aber allemal besser als ein hämisches „He, was da für grosse Ölflecke? Scheissejapaner, musse kaufe Ducati, dann nixe Probleme mehr!".

Die Sonne lacht – willkommen im Trentino

Derart fürs Trentino motiviert, machen wir uns an einem schönen März-Wochenende auf die Socken. Trentino, wir kommen. Von München aus ist die Sache ein Klacks, zwei Stunden Frösteln, dann liegt der Brenner hinter uns. Im Etschtal, kurz hinter Bozen, ist es schon fast 20 Grad warm; die Sonne lacht. Ein paar Kilometer weiter, bei Egna-Ora, verlassen wir die Autostrada del Brennero und nehmen Kurs auf das Valle di Fiemme mit seinem Hauptort Cavalese – einem der wichtigsten touristischen Zentren des Trentino. Das Tal liegt eingebettet zwischen den Bergen der Lagorai im Süden und den imposanten Felstürmen des Latemar im Norden. Wir fahren durch eine beschauliche Wald- und Wiesenlandschaft, die nach etwa 35 Kilometern in das Valle di Fassa übergeht. Hier sind wir schon ganz dicht am Herzen der Dolomiten. Linker Hand liegt der Gebirgsstock des Rosengarten, rechter Hand die majestätische Marmolada, und vor unserer Nase die Sella-Gruppe. Die „Bleichen Berge", wie die Dolomiten auch genannt werden, sind vor rund 250 Millionen Jahren aus dem Meer entstanden und durch den Jahrtausende währenden Ansturm von Wind und Wetter zu ihrer bizarren, einzigartigen Form gelangt.

ANREISE

Ruckzuck ist man da: Von München ins Trentino sind es nur rund 300 Kilometer. Die Route lautet: Innsbruck-Brenner-Bozen-Trento. Auf dieser Route gibt es leider auch saftige Mautgebühren: Österreich-Vignette (für zwei Monate) plus Brenner plus Autobahngebühren – macht zum Beispiel zum Gardasee hin und zurück fast 80 Mark. Einen guten Teil des Geldes kann man sich sparen, wenn man die Route Garmisch-Fernpaß-Landeck-Reschenpaß-Meran fährt. Dafür dauert die Anreise über diese Strecke aber auch länger. Eine landschaftlich schöne, ebenfalls kostenpflichtige Alternative: Garmisch-Fernpaß-Imst-Sölden-Timmelsjoch (Maut)-Meran.

Im Sommer ist das Fassa-Tal ein günstiger Ausgangspunkt für eine ausgedehnte Dolomitentour. Ein absolutes Muß für Motorradfahrer ist die große Sella-Runde. Von Canazei aus geht es spektakulär aufwärts zum Paso di Sella, direkt zu Füßen der gigantischen Sella-Türme, anschliessend in einem kehrenreichen Auf und Ab über das Grödner Joch, den Campolongo-Paß und das Pordoi Joch zurück nach Canazei. Vier Mega-Pässe auf einer Strecke von knapp 60 Kilometern – das ist ein starkes Stück. Jetzt im März ist es allerdings noch zu früh für den Gipfelsturm. Die vier Pässe sind zwar offiziell geräumt, aber in den Kehren kann es teuflisch glatt werden. Tja, wenn wir ein Gespann hätten. Stattdessen entschließen wir uns zu einem Besuch des Ladinischen Museums in Vigo di Fassa. Die Ladiner sind ein Volksstamm, der bereits vor 2000 Jahren in den Dolomiten lebte und heute eine Minderheit mit eigenständiger Sprache, Kultur und Tradition darstellt.

Zu Besuch bei den Erdmenschen von Segonzano

Nach dem interessanten Museumsbesuch kehren wir zurück nach Cavalese, dem quirligen Touristenort, der im Februar '98 durch einen tragischen Gondelabsturz in die Schlagzeilen geraten war. Auch heute noch, Monate später, hängt die Trauer über die 20 Todesopfer wie eine düstere Wolke über dem Tal. Mit einem klammen Gefühl biegen wir in südwestli-

Open Air in den Bergen: Alljährlich im Juli und August findet in den Trentiner Dolomiten ein internationales Berg-Musik-Festival statt.

Reiche Ernte: Im Spätsommer können Motorradfahrer das Trentino am besten genießen. Die Pässe sind frei, die Temperaturen auch in den Höhenlagen angenehm.

Motorradfreundliche Hotels

Mehr als 120 Hotels, Pensionen und Campingplätze haben sich dem Projekt „Urlaub mit dem Motorrad" angeschlossen – einer Initiative des Landesfremdenverkehrsamts Trentino. Es handelt sich um Herbergen, die dem Motorradfahrer einen besonderen Service anbieten, zum Beispiel einen sicheren Abstellplatz und einen Trockenraum für die Bekleidung. Jeder Gast bekommt darüber hinaus ein kostenloses „Motorradfahrer-Kit", das eine Landkarte, ein Roadbook für Ausflüge und weiteres Infomaterial enthält. Man erkennt die Betriebe an dem Schild mit dem Motorrad unter dem Dach.

ETSCHTAL/TRENTO

Grand Hotel Trento****, Trento, Tel.: +39 (461) 271000
Aerhotel***, Trento, Tel.: +39 (461) 944999
Hotel Capitol***, Trento, Tel.: +39 (461) 993232
Hotel Vela***, Trento/Vela, Tel.: +39 (461) 827200
Hotel Villa Madruzzo***, Trento, Tel.: +39 (461) 986220
Garni Albermonaco***, Trento, Tel.: +39 (461) 983060
Garni Villa Fontana***, Trento, Tel.: +39 (461) 829800
Garni San Giorgio della Scala*, Trento, Tel.: +39 (461) 238848
Hotel Montana***, Vason/Monte Bondone, Tel.: +39 (461) 948200
Hotel Capanna Palon**, Vason/Monte Bondone, Tel.: +39 (461) 948143
Hotel Monreal***, Pineta/Faedo, Tel.: +39 (461) 650219
Hotel Drago***, Mezzocorona, Tel.: +39 (461) 603824

VALLE DI FIEMME/CAVALESE

Park Hotel Bella Costa****, Cavalese, Tel.: +39 (462) 231154
Hotel Grünwald***, Cavalese, Tel.: +39 (462) 340369
Hotel La Roccia***, Cavalese, Tel.: +39 (462) 231133
Hotel Ancora****, Predazzo, Tel.: +39 (462) 501651
Hotel Bellaria***, Predazzo, Tel.: +39 (462) 501369
Hotel Touring***, Predazzo, Tel.: +39 (462) 501212
Camping Valle Verde**, Ischia/Predazzo, Tel.: +39 (462) 502394
Hotel Bagni & Miramonti***, Carano, Tel.: +39 (462) 340220
Hotel Panorama**, Panchià, Tel.: +39 (462) 813137

VALLE DI FASSA/CANAZEI

Hotel Alla Rosa***, Canazei, Tel.: +39 (462) 601107
Hotel Dolomiti***, Canazei, Tel.: +39 (462) 601033
Hotel Bellavista*, Canazei, Tel.: +39 (462) 601165
Rifugio Monti Pallidi, Canazei, Tel.: +39 (462) 601337
Hotel Monzoni****, Moena, Tel.: +39 (462) 573352
Hotel De Ville***, Moena, Tel.: +39 (462) 573338
Hotel Chalet Alaska***, Pozza di Fassa, Tel.: +39 (462) 764091
Hotel Gran Baita***, Pozza di Fassa, Tel.: +39 (462) 764163
Hotel La Grotta***, Vigo di Fassa, Tel.: +39 (462) 764047
Hotel Millefiori*, Vigi di Fassa, Tel.: +39 (462) 769000
Hotel Medil****, Campitello di Fassa, Tel.: +39 (462) 750088
Hotel Flora Alpina***. Campitello di Fassa, Tel.: +39 (462) 750233
Sporthotel Enrosadira***, Campitello Di Fassa, Tel.: +39 (462) 750540

VALLI DEL PRIMIERO E VANOI

Hotel Al Bivio**, Imer, Tel.: +39 (439) 67080
Hotel Al Lago**, Imer, Tel.: +39 (439) 678090
Hotel Salgetti***, Mezzano, Tel.: +39 (439) 67172
Hotel Venezia***, Paso Rolle, Tel.: +39 (439) 68315
Hotel La Montara***, San Martino di Castrozza, Tel.: +39 (439) 68183
Hotel Al Prato**, Siror, Tel.: +39 (439) 62425
Hotel Primiero***, Tonadico, Tel.: +39 (439) 762077
Hotel Tressane***, Tonadico, Tel.: +39 (439) 762205
Hotel Chalet Piereni**, Piereni/Tonadico, Tel.: +39 (439) 62348

HOCHEBENE VON PINÉ, VALLE DI CEMBRA

Albergo 2 Camini***, Baselga di Piné, Tel.: +39 (461) 557200
Hotel Tirol**, Montesover/Sover, Tel.: +39 (461) 698377

ÖSTLICHES VALSUGANA, HOCHEBENE DES TESINO

Hotel Pizzo degli Uccelli***, Castello Tesino, Tel.: +39 (461) 594365
Hotel La Ruscoletta*, Musiera di Sotto/Telve, Tel.: +39 (461) 766474

OBERES VALSUGANA/ LEVICO TERME

Hotel Al Sorriso***, Levico Terme, Tel.: +39 (461) 707029
Hotel Cristallo***, Levico Terme, Tel.: +39 (461) 706427
Parc Hotel Du Lac**, Levico Terme, Tel.: +39 (461) 706590
Camping 2 Laghi***, Costa/Levico Terme, Tel.: +39 (461) 706290
Albergo Alla Torre**, Caldonazzo, Tel.: +39 (461) 723109
Hotel Due Spade**, Caldonazzo, Tel.: +39 (461) 723113
Hotel Gilda**, Caldonazzo, Tel.: +39 (461) 723446
Hotel Micamada**, Calceranica al Lago, Tel.: +39 (461) 723328
Campeggio Fleiola**, Calceranica al Lago, Tel.: +39 (461) 723153
Hotel Concordia*, Ischia/Pergine Valsugana, Tel.: +39 (461) 531553
Camping San Cristoforo***, San Cristoforo al Lago, Tel.: +39 (461) 512707
Hotel Al Pian**, Vattaro, Tel.: +39 (461) 846945

HOCHEBENE VON FOLGARIA, LAVARONE UND LUSERNA

Hotel Agostini***, Serrada/Folgaria, Tel.: +39 (464) 727230
Antico Albergo Stella d'Italia***, Folgaria, Tel.: +39 (464) 721135
Villaggio Albergo Nevada***, Costa/ Folgaria, Tel.: +39 (464) 721495
Hotel Capriolo***, Bertoldi/Lavarone, Tel.: +39 (464) 783187
Hotel Cervo***, Cappella/Lavarone, Tel.: +39 (464) 783237
Hotel du Lac***, Chiesa/Lavarone, Tel.: +39 (464) 783112

VALLAGARINA/ROVERETO
Hotel Rovereto***, Rovereto,
Tel.: +39 (464) 435222
Hotel Monti Lessini*, Sega/Ala,
Tel.: +39 (464) 671253
Hotel San Giacomo***, San Giac./
Brentonico, Tel.: +39 (464) 391560
Hotel Alla Lanterna**, Foxi/Vallarsa,
Tel.: +39 (464) 869144

LAGO DI GARDA, VALLE DI LEDRO, VALLE DEI LAGHI
Hotel Sole****, Riva,
Tel.: +39 (464) 552686
Hotel Campagnola***, Riva,
Tel.: +39 (464) 521103
Hotel Luise***, Riva,
Tel.: +39 (464) 552796
Hotel Mirage***, Riva,
Tel.: +39 (464) 552671
Hotel Rialto*, Riva,
Tel.: +39 (464) 553123
Hotel Santoni***, Torbole,
Tel.: +39 (464) 505966
Garni Villa Clara**, Torbole,
Tel.: +39 (464) 505141
Hotel Villa Rosa**, Torbole,
Tel.: +39 (464) 505102
Hotel Everest***, Vignole/Arco,
Tel.: +39 (464) 519277
Hotel Pace***, Arco,
Tel.: +39 (464) 516398
Hotel Villa Franca**, Linfano/Arco,
Tel.: +39 (464) 505162
La Porta del Cuore***, Arco,
Tel.: +39 (464) 532687
Club Hotel Lago di Tenno***, Tenno,
Tel.: +39 (464) 502031
Hotel Stella Alpina***, Tenno,
Tel.: +39 (464) 502121
Hotel Maroni*, Molina di Ledro,
Tel.: +39 (464) 508198
Hotel Sport*, Pieve di Ledro,
Tel.: +39 (464) 591030
Camping Al Lago*, Pieve di Ledro,
Tel.: +39 (464) 591250
Camping Azzurro*, Alzer/Pieve di Ledro,
Tel.: +39 (464) 591276
Hotel Adriana***, Concei,
Tel.: +39 (464) 591184
Camping Laghi di Lamar**, Terlago,
Tel.: +39 (464) 860423

VALLI GIUDICARIE
Hotel Alpina**, Bondone,
Tel.: +39 (465) 689144
Garni Lago Nembia***, San Lorenzo in
Banale, Tel.: +39 (465) 734186
Hotel Opinione***, San Lorenzo in
Banale, Tel.: +39 (465) 734039
Hotel Alla Posta***, Terme di Comano,
Tel.: +39 (465) 701177
Cattoni Hotel Plaza***, Terme di
Comano, Tel.: +39 (465) 701442

VALLE RENDENA/ MADONNA DI CAMPIGLIO
Hotel Denny***, Carisolo,
Tel.: +39 (465) 501398
Garni La Felce**, Carisolo,
Tel.: +39 (465) 503530
Hotel Bertelli****, Madonna di
Campiglio, Tel.: +39 (465) 441013
Hotel Crozzon***, Madonna di
Campiglio, Tel.: +39 (465) 442217
Garni Roch***, Madonna di Campiglio,
Tel.: +39 (465) 440100

VALLI DI SOLE/DI PEJO/DI RABBI
Hotel Tevini***, Commezzadura,
Tel.: +39 (463) 974985
Holiday Inn Garden Court****, Dimaro,
Tel.: +39 (463) 973330

Hotel Ravelli***, Mezzana-Marilleva,
Tel.: +39 (463) 757122
Camping Cevedale**, Gere/Ossana,
Tel.: +39 (463) 751630
Hotel Miramonti****, Paso del Tonale,
Tel.. +39 (364) 900501
Hotel Negritella**, Paso del Tonale,
Tel.: +39 (364) 903906

VALLE DI NON
Hotel Alle Chiavi***, Cavareno,
Tel.: +39 (463) 831410
Hotel Cles***, Cles,
Tel.: +39 (463) 421300
Hotel Pineta***, Coredo,
Tel.: +39 (463) 536866
Hotel Le Ciaspole***, Fondo,
Tel.: +39 (463) 880117
Hotel Aurora*, Fondo,
Tel.: +39 (463) 880022
Hotel Smeraldo, Fondo,
Tel.: +39 (463) 831104
Hotel Stella delle Alpi***, Ronzone, Tel.:
+39 (463) 880620
Al Larice Residence***, Ronzone,
Tel.: +39 (463) 831710
Garni Gran Baita***, Ruffrè,
Telefon 0039/471 632210
Hotel Margherita***, Rumo,
Tel.: +39 (463) 530531
Hotel Miramonti***, Sarnonico,
Tel.: +39 (463) 832088

HOCHEBENE DER PAGANELLA/MOLVENO
Hotel Dolomiti***, Fai della Paganella,
Tel.: +39 (461) 583311
Hotel Ideal**, Fai della Paganella,
Tel.: +39 (461) 583478
Hotel Miravalle**, Fai della Paganella,
Tel.: +39 (461) 583113
Alexander Hotel Cima Tosa***,
Molveno, Tel.: +39 (461) 586928
Hotel Alpotel Venezia***, Molveno,
Tel.: +39 (461) 586920
Hotel Belvedere***, Molveno,
Tel.: +39 (461) 586933
Hotel Du Lac***, Molveno,
Tel.: +39 (461) 586965
Hotel Lido***, Molveno,
Tel.: +39 (461) 586932

cher Richtung ins Valle di Cembra ab. Die wenig bekannte und befahrene Strecke soll uns über die Hochebene von Piné ins Valsugana bringen. Bei Segonzano treffen wir auf eine ungewöhnliche geologische Formation, die sogenannten Erdpyramiden. Es handelt sich dabei um Stalagmiten aus porösem Fels, die nur deshalb noch nicht völlig verwittert sind, weil sie einen flachen Stein auf der Spitze tragen wie einen schützenden Sonnenhut. Die Einheimischen nennen die Pyramiden deshalb auch „omeni de tera" – Erdmenschen.

Kehrenreich: Der Kaiserjägerweg, spektakuläre Verbindung zwischen dem Valsugana und der Hochebene von Folgaria-Lavarone.

Badetreff Caldonazzo-See

Nach einem kurzen Abstecher zum beschaulich gelegenen Lago di Serraia geht es hinunter nach Pergine ins Valsugana. Hier stoßen wir auf die gut ausgebaute Staatsstraße 47, die Trento mit Bassano del Grappa verbindet. In weiten Bögen führt sie unmittelbar am nordöstlichen Ufer des Caldonazzo-Sees entlang, der im Sommer ein beliebter Badetreff der Trentiner ist. Die besten Badestellen findet man am Südende des Sees auf der kleinen Landzunge von Calceranica al Lago. Nur ein bewaldeter Höhenzug trennt den Caldonazzo-See vom nordöstlich gelegenen Lago di Levico mit seinem berühmten Kurort Levico Terme. Im Gegensatz zu seinem großen Nachbarn ist der Levico-See recht ursprünglich geblieben. Er ist eingebettet zwischen steile und dicht bewaldete Hänge, die Ufer sind weitgehend unerschlossen. Nur am Südufer tobt der Bär: Hier ist das quirlige Kurzentrum von Levico Terme samt Campingplätzen (Tip: Camping Levico) und Strandbad.

Der Kaiserjägerweg – ein Juwel für Motorradfahrer

Doch der Sinn steht uns nicht nach Kuren, sondern nach Kurven. Und die bekommen wir auf dem „Kaiserjägerweg", zu dem wir wenige Kilometer östlich des Caldonazzo-Sees von der SS 47 abzweigen. Nach kurzer Fahrt durch fruchtbare Felder steigt die Straße mächtig an, wird immer schmaler und reiht eine Kehre an die nächste – wie der Tremalzo am Gardasee, nur asphaltiert. Je höher wir kommen, desto schwindelerregender ist der Ausblick ins Valsugana und über den Lago di Caldonazzo. Nach etwa zehn Kilometern erreichen wir die Hochebene von Folgaria und Lavarone. Sie erstreckt sich über den südöstlichen Teil des Trentino, der im Norden vom Valsugana begrenzt wird, im Westen vom Vallagarina und im Süden vom Vallarsa. Im Osten geht sie in den Altopiano dei Sette Communi über, dessen Hauptort Asiago schon zur Provinz Vicenza zählt.

Die durchschnittliche Höhenlage der Hochebene beträgt 1000 Meter. Es ist eine eigene kleine Welt, mit Wiesen und Wäldern und verschlafenen Dörfern – ein Ort der Ruhe. Doch es ging nicht immer so friedlich zu hier oben. Im Ersten Weltkrieg tobte ein erbitterter Stellungskrieg zwischen Italien und Österreich-Ungarn. Beklemmende Zeugen sind die überall auf der Hochebene verteilten Befestigungsanlagen.

Am besten erhalten ist das riesige Panzerwerk Gschwent in der Nähe von Lavarone. Heute trägt es den italienischen Namen Forte Belvedere. Eine schöne Aussicht – so die Bedeutung – hat man von hier in der Tat. Fast senkrecht geht es hinter den Mauern des Forts bergab, tief unter uns liegt das Val d'Astico. Die Besatzung des Forts dürfte die exponierte Lage jedoch kaum genossen haben, denn von der anderen Talseite aus wurde sie monatelang rund um die Uhr beschossen. Welches Grauen sich bei dem Dauer-Bombardement eingestellt haben mag, kann man sich bei der Besichtigung des Forts leicht

Stalagmiten mit Steinhut: Die Erdpyramiden von Segonzano sind das jahrtausendealte Ergebnis einer Gletscher-Wanderung.

vorstellen: Die endlos langen, engen Gänge und die winzigen Kammern hinter den meterdicken Felsmauern wirken so einladend wie eine tödliche Mausefalle. Übrigens gibt es zu diesem Thema ein sehr interessantes und einfühlsames Buch des jungen Leutnants Luis Trenker („Sperrfort Rocca Alta"), der den Stellungskrieg auf der Hochebene hautnah miterlebte.

Imposantes Kastell

Zeit für etwas Erfreulicheres. Wir schrauben uns über Folgaria hinunter nach Rovereto. Ein ausgedehnter Bummel durch die malerische Altstadt führt uns über enge Gassen zu einer stimmungsvollen kleinen Piazza, die zu einer ausgiebigen Cappuccino-Pause einlädt. Über uns thront das imposante, mittelalterliche Castello di Rovereto. Die Befestigungsanlage wurde im 15. und 16. Jahrhundert von den Venezianern nach den neuesten Erkenntnissen der Kriegsarchitektur gestaltet. Später richteten sich die Truppen Napoleons und die der Österreicher häuslich ein. Nach dem Krieg wurde das Castello di Rovereto mustergültig restauriert und dient heute als Sitz des Italienischen Historischen Kriegsmuseums. Historisch Interessierte können in 30 Räumen eine Unzahl von Waffen und Kriegsgeräten, Uniformen, Gemälden und Fotos begutachten (Eintritt 5000 Lire).

Doch uns steckt noch die Besichtigung des grausigen Forts in den Knochen. Nach diesen finsteren Gewölben

Majestätisch: Das Castello di Rovereto thront seit dem 15. Jahrhundert über der Stadt.

zieht es uns zu den freundlichen Gestaden des Gardasees, an denen wir übernachten wollen. Der zweite Teil unseres Trentino-Trips soll uns über verschlungene Wege zurück in den Norden führen.

Wir beginnen den nächsten Tag mit einem Abstecher ins Valle dei Laghi nördlich des Gardasees. Über Arco mit seiner sehenswerten Burgruine geht es Richtung Lago di Cavedine. Nördlich von Dro erreichen wir die bizarre Felswüste der Marocche. Riesige Geröllhaufen, soweit das Auge blickt. Die Felsbrocken stammen größtenteils von dem westlich gelegenen Brenta-Massiv und bedecken ein Gebiet von zwölf Kilometern Länge. Über dem Ganzen thront auf der Ostseite die finstere Festung des Castel Drena. Die trutzige Anlage mit ihrem 25 Meter hohen, quadratischen Turm geht auf das 12. Jahrhundert zurück. Im Mittelalter kontrollierte sie den einzigen Übergang zwischen dem Sarca-Tal und dem Valle di Cavedine, in dem die wichtigste Verbindungsstraße zwischen Trento und dem Gardasee verlief. Heute kann Castel Drena, aufwendig restauriert, von jedermann besichtigt werden (Eintritt 3000 Lire).

Schlösser des Trentino

Mitten in der Felswüste der Marocche liegt auch der Lago di Cavedine. Nach einem kleinen Spaziergang umrunden wir den kleinen See und landen wieder auf der Hauptstraße nach Trento. Kurz darauf, bei Pietramurata, vernehmen wir mit dem linken Ohr den stechenden Sound einer hochdrehenden Zwiebackfräse. Und tatsächlich: Hier gibt es ein hochkarätiges Motocross-Gelände, auf dem einige Locals ihren 125ern das Fliegen lehren. Sie grinsen und winken uns einladend zu. Tja, das hätten sie wohl gerne, daß sich unsere 1100er GS auf einem ihrer Tables majestätisch in die Lüfte schwingt und dann wie ein Komet in die Erdkruste bohrt. Nee, Jungs, kommt nicht in Frage, wir sind hier doch nicht bei Husabergs.

Wie ein Märchenschloß

Ein paar Kilometer weiter erreichen wir den Toblino-See. Wie ein verwunschenes Märchenschloß liegt hier auf einer kleinen Landzunge das Castel Toblino. Das von allerlei Sagen umrankte Wasserschloß zählt zu einem der schönsten Renaissance-Bauten des Trentino. In dem historischen Gemäuer gibt es nicht nur ein ganz vorzügliches Edel-Restaurant, sondern auch ein nettes kleines Café direkt am Wasser. Wir schlürfen den dritten Cappuccino an diesem Morgen und genießen die noch etwas zaghaften Strahlen der Märzsonne. Ein wundervoller Ort der Entspannung.

Die nächste Etappe führt uns zum Molveno-See auf die Hochebene der Paganella. Im Sommer dient Molveno vielen Bergsteigern als Basislager für Touren in die Brenta-Dolomiten, doch jetzt liegen See und Dorf verschlafen in der Frühlingssonne. Wir nutzen die

Am Ufer des Lago di Ledro: Die Reste eines Pfahlbaudorfs belegen, daß hier schon zur Bronzezeit Menschen siedelten.

Gelegenheit, um in aller Ruhe die Fresken und das spätgotische Portal der Chiesa di San Vigilio zu besichtigen. Hinter Andalo schraubt sich die Straße kurvenreich ins Valle di Non hinab. Das Non-Tal ist über die Grenzen Trentinos hinaus bekannt für seine leckeren Äpfel. Rechts und links

Da lockt das Abenteuer: Die schroffen Felsformationen der Trentiner Dolomiten sind ein Eldorado für Bergsportler. Routinierte Führer vermitteln die lokalen Verkehrsämter.

säumen Apfelbaumplantagen die Straßen, und zarte Knospen künden von der bevorstehenden Baumblüte, die das ganze Valle di Non in ein Farbenmeer taucht.

Schönster See des Trentino

Bei Tenno biegen wir links in eine Stichstraße, die uns nach elf Kilometern zum Lago di Tovel führt. Der einsam gelegene See gilt zu Recht als einer der schönsten im ganzen Trentino. Angeblich hat sich der See früher von Zeit zu Zeit rot gefärbt, doch heute ist das Wasser so klar, daß sich die mächtigen Felswände der Brenta darin spiegeln. Nach einem ausgiebigen Uferspaziergang in dieser traumhaften Umgebung satteln wir erneut die Hühner und fahren nach Cles. Hier zweigt in westlicher Richtung das Val di Sole ab, ein langgezogenes Alpental, das im Süden vom majestätischen Adamello und im Norden vom fast 4000 Meter hohen „König" Ortler beherrscht wird. Doch westwärts zieht's uns heute nicht.

Toller Fernblick

Wir umrunden lieber den Lago di Santa Giustina und lassen die Griffheizung vorglühen für den Anstieg zum Mendel-Paß. Der bringt es zwar nur auf schlappe 1363 Meter, doch die Westrampe führt durch einen dichten Wald, in dem sich die Grabeskälte des Winters vor dem Frühling versteckt. Kurz vor der Paßhöhe zweigt links ein Sträßchen auf den Monte Penegal ab. Noch mal 400 Meter höher erreichen wir eine Aussichtsterrasse, die einen phantastischen Fernblick gewährt. Wir stehen genau an der Grenze zwischen Trentino und Südtirol. Uns zu Füßen glitzert der tiefblaue Kalterer See, und in der Ferne glühen die Felsen des Rosengartens rötlich im Abendlicht. Schön war's, Trentino! Wir kommen wieder!

ALLGEMEINES

Die Doppelprovinz Trentino-Alto Adige im hohen Norden Italiens ist geprägt von der großartigen Bergwelt der Alpen. Saftige Hochalmen und tiefe Schluchten, eisige Gletscher und die Blütenpracht in den Tälern sorgen für interessante landschaftliche Gegensätze. Touristisch ist das Trentino seit Generationen erschlossen. Vor allem Wanderer, Skifahrer und Bergsteiger verbringen hier ihren Urlaub, und an den zahlreichen Seen tummeln sich die Wassersportler.

Speziell an Motorradfahrer gerichtetes Informationsmaterial verschickt: **Punto Trentino, Maximilianstraße 40, 80539 München, Tel.: 089/291646-24, Fax -25.** Allgemeine Informationen: **Staatliches Italienisches Fremdenverkehrsamt ENIT, Kaiserstr. 65, 60329 Frankfurt, Tel.: 069/237430.** Oder gleich an das Landesfremdenverkehrsamt des Trentino wenden: **Ufficio Informazioni, Tel.: +39 (461) 839000, Fax: 260245, Internet: http://www.provincia.tn.it/apt/**

KLIMA UND REISEZEIT

Für Motorradfahrer empfehlen sich prinzipiell die Vor- und Nachsaison, also die Zeit von Ende März bis Mitte Juni und von Anfang September bis Mitte Oktober. Dann ist es angenehm mild, die Sonne scheint häufig, und die Touristenmassen halten sich noch in Grenzen. Zu Ostern, Pfingsten und in den Monaten Juli und August kann es jedoch sehr voll werden. Auf den beliebten Pässen drängeln sich dann die Blechkarawanen, und am Gardasee geht es nur noch im Stop-and-go voran. Abseits der Touristenzentren und in den weniger bekannten Tälern des Trentino ist es aber auch in der Hauptsaison noch ganz beschaulich.

ATTRAKTIONEN

Das Trentino ist ein Land für Entdecker. Es gibt unzählige Seen und Schlösser, traumhafte Bergstraßen, einsame Täler und malerische Orte. Die Provinzhauptstadt Trento hat eine nette Altstadt mit freskenverzierten Renaissance-Palästen, engen Laubengängen und einem schönen Domplatz samt Neptunbrunnen. Sehr einladend ist auch die Altstadt von Rovereto. Jeden Abend läutet oberhalb von Rovereto die „Glocke der Gefallenen", ein fast 23 Tonnen schweres, freihängendes Glockenmonster, das nach dem Ersten Weltkrieg aus geschmolzenen Kanonen gegossen wurde. Nördlich von Rovereto thront das Castel di Beseno über dem Etschtal. Es ist die größte mittelalterliche Burg des Trentino. Der Gardasee ist vor allem für Segler, Surfer und Mountainbiker ein Eldorado. Wer kein eigenes Material dabei hat, kann sich das Equipment in fast jedem Ort mieten. Interessant ist der „Lago" aber auch für Bergwanderer, Freeclimber, Gleitschirmflieger, Taucher, Reiter und und und... Informationen über die vielen Sportmöglichkeiten erteilen die örtlichen Tourismusverbände.

ESSEN

In vielen Touristenzentren macht sich bedauerlicherweise eine standardisierte Pizza & Pasta-Kultur breit. Die traditionelle Trentiner Küche findet man eher abseits der großen Touristenströme. Kulinarisch ist das Trentino eine Grenzregion zwischen Einflüssen vom Mittelmeer und den Alpen. Typische Speisen: Polenta (ein sättigender Brei aus Mais- oder Buchweizenmehl), köstliche Knödel- und Nocken-Variationen (zum Beispiel mit Pflaumen gefüllt),

herzhafte Gerstensuppe, hausgemachte Würste. Um die einheimische Küche zu stärken, veranstaltet das Trentino alljährlich im Juni ein großes „Festival der Meisterküche" (MangiarBene). Es ist eine Art Tournee der Trentiner Spitzenköche, die Abend für Abend an einem anderen Ort ihre traditionellen oder neuartigen Kreationen vorstellen.

GELD/KOSTEN

Die Anreise ist teuer, das Leben in den Touristenzentren (zum Beispiel des Gardasees) auch. Doch wenn man die Prachtboulevards und teuren Uferpromenaden meidet und sich stattdessen den Seitengassen zuwendet, entdeckt man so manches urige Familienrestaurant. Geschenkt bekommt man auch hier nichts, aber das Preis-/Leistungs-Verhältnis ist in der Regel gut. Für ein gepflegtes Trentiner Abendmenü aus Vor- und Hauptspeise, Wein und Wasser, Espresso oder Grappa zum Verdauen zahlt man rund 40 Mark. Die profane Pizza samt Weißbier kommt auf die Hälfte. Für Selbstversorger gibt's eine preiswerte Auswahl an Lebensmitteln sowie frisches Obst und Gemüse in den Supermärkten.

HOTELS

An bikerfreundlichen Unterkünften herrscht im Trentino kein Mangel, wie der Zusammenschluß von mehr als 120 Gastbetrieben der Aktion „Urlaub mit dem Motorrad" zeigt (siehe Seite 28/29). Wer als Wendepunkt für den Trentino-Trip den nördlichen Gardasee auserkoren hat, dem können wir hier noch drei spezielle Übernachtungstips geben:

1. Für Ruhesuchende:
Hotel Panorama in Pregasina
Mit traumhaftem Blick auf den Gardasee, dabei absolut ruhig, weil am Ende der Bergstraße nach Pregasina (Anfahrt durchs Ledrotal). Unterstellmöglichkeit für Motorräder, freundliche Wirtsleute aus Deutschland, einfache Zimmer, günstige Preise, Tel.: +39 (464) 520344.

2. Für Sparfüchse:
Jugendherberge in Riva
Ein spartanisches Haus, aber mitten in der Altstadt von Riva, gleich neben dem Dom; sicherer Hof für Motorräder, saubere, supergünstige Zwei- bis Vierbettzimmer (22 Mark inklusive Frühstück), Dusche und WC auf dem Gang, sehr nett und hilfsbereit ist der Herbergsvater Antonio Stedile. Tel.: +39 (464) 554911, Fax: 556554.

3. Für Naturliebhaber:
Campingplatz Maroadi.
Zwischen Torbole und Riva, direkt am See gelegen, traumhafte Aussicht, sehr gepflegt, große Parzellen, viel Schatten, gute Sanitäranlagen, Bar und Laden für Selbstversorger, kleiner Privatstrand. Stellplatz 12 Mark, Erwachsene 10 Mark pro Kopf und Nacht, Tel.: +39 (464) 505175, Fax: 506291.

Erste Hilfe: Motorrad-Werkstätten

Wenn die Maschine mal streikt – der nächste Motorrad-Spezialist ist im Trentino meist nicht weit. Abgesehen von den Vertragshändlern gibt es fast in jedem Dorf eine Universalwerkstatt, die sich mit allem beschäftigt, was Räder hat – egal ob Klapprad, Vespa oder Zugmaschine. Bei kleineren Pannen sehr hilfreich!

Aprilia:	Sembenini & Fil., Trento, Tel.: +39 (461) 824038 Gennaro, Rovereto, Tel.: +39 (464) 436109 Sembenini & Fil., Riva, Tel.: +39 (464) 552128
BMW:	Elaberg Moto Shop, Trento, Tel.: +39 (461) 828218 Elaberg Moto Shop, Cles, Tel.: +39 (463) 422550
Bimota:	Elaberg Moto Shop, Trento, Tel.: +39 (461) 828218 Elaberg Moto Shop, Cles, Tel.: +39 (463) 422550
Cagiva/Ducati/ Husqvarna:	Max Motor, Trento, Tel.: +39 (461) 923158
Harley:	Numero Uno, Bozen, Tel.: +39 (471) 976929
Honda:	Sembenini & Fil., Trento, Tel.: +39 (461) 824038 Sembenini & Fil., Riva, Tel.: +39 (464) 552128 Speranza, Volano, Tel.: +39 (464) 410665
Kawasaki:	Mosna, Trento, Tel.: +39 (461) 930328
KTM:	Tomasi, Trento, Tel.: +39 (461) 821248
Laverda:	Bolner, Trento, Tel.: +39 (461) 238861
Moto Guzzi:	Gabrielli f.lli, Trento, Tel.: +39 (461) 247003 Trinco, Rovereto, Tel.: +39 (464) 430479
Suzuki:	Tomasi, Trento, Tel.: +39 (461) 821248
Triumph:	Motosport, Bozen, Tel.: +39 (471) 283238
Yamaha:	Elaberg Moto Shop, Trento, Tel.: +39 (461) 828218 Elaberg Moto Shop, Cles, Tel.: +39 (463) 422550 Cramerotti & C., Rovereto, Tel.: +39 (464) 431311

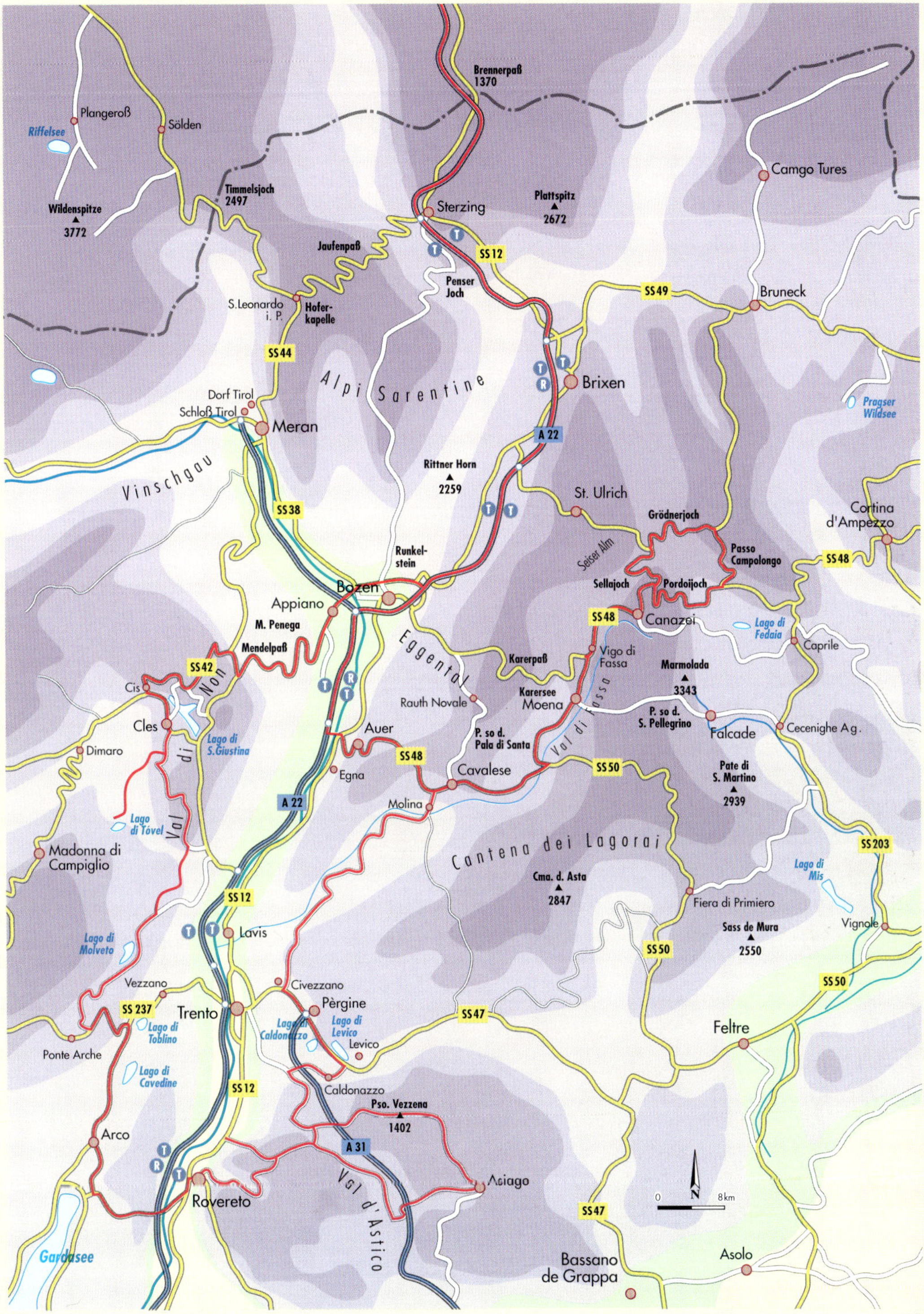
Brennerpaß
1370
Plangeroß
Sölden
Riffelsee
Wildenspitze
3772
Timmelsjoch
2497
Sterzing
Plattspitz
2672
Camgo Tures
Jaufenpaß
SS12
Penser
Joch
S.Leonardo
i. P.
Hofer-
kapelle
SS49
Bruneck
SS44
Alpi Sarentine
Brixen
Dorf Tirol
Schloß Tirol
Meran
Pragser
Wildsee
A 22
Vinschgau
Rittner Horn
2259
St. Ulrich
Cortina
d'Ampezzo
SS38
Grödnerjoch
Seiser Alm
Passo
Campolongo
SS48
Runkel-
stein
Sellajoch
Pordoijoch
Bozen
Appiano
SS48
Canazei
Lago di
Fedaia
M. Penega
Caprile
Mendelpaß
Eggental
Karerpaß
Vigo di
Fassa
SS42
Marmolada
3343
Cis
Non
Rauth Novale
Karersee
Moena
Val di Fassa
P. so d.
S. Pellegrino
Falcade
Cles
Lago di
S.Giustina
Auer
Cecenighe Ag.
Dimaro
P. so d.
Pala di Santa
SS48
Egna
Cavalese
SS50
Pate di
S. Martino
2939
Val di
A 22
Molina
Lago
di Tovel
SS203
Madonna di
Campiglio
Cantena dei Lagorai
Lago di
Mis
Cma. d. Asta
2847
SS12
Fiera di Primiero
Lavis
Sass de Mura
2550
Vignole
Lago di
Molveto
SS50
Vezzano
Civezzano
SS50
SS237
Trento
Pergine
SS47
Lago di
Toblino
Lago di
Caldonazzo
Lago di
Levico
Levico
Feltre
Ponte Arche
Lago di
Cavedine
SS12
Caldonazzo
Pso. Vezzena
1402
Arco
A 31
Asiago
Val d'Astico
Rovereto
0
8km
N
SS47
Gardasee
Bassano
de Grappa
Asolo

Der Gardasee mit den umliegenden Bergregionen zählt zu den Motorrad-Reisezielen par excellence. Kaum eine andere Landschaft bietet derart viel Abwechslung bei relativ kurzer Anreise aus dem deutschsprachigen Raum.

Im Kurvenrausch

Von Andi Seiler

Steil bergab windet sich das feingeschwungene Sträßchen und sucht sich seinen Weg durch enge Felsschluchten mit Aquädukten und kleinen Wasserfällen – schlichtweg atemberaubend und romantisch zugleich. Nicht zuletzt der abschließende Ausblick in einer der letzten Spitzkehren von einer Felskante aus auf den Lago macht diesen Abstecher zum Muß für Gardasee-Biker. Eine Schar von Motorradfahrern zieht es ebenso wie die vielen Surfer jedes Jahr hierhin, um ein paar genüßliche Urlaubsstunden zu erleben.

Am nächsten Tag erleben wir ein ähnliches Kurven-Feeling auf dem Weg von Rovereto über Vallarsa zum Paso Pian delle Fugazze am Fuße des Monte Pasubio. Unseren Motorrädern scheinen förmlich Flügel zu wachsen. Zwischendrin bieten sich immer wieder grandiose Ausblicke auf die bizarre Felswelt, kleine, aber feine Bergdörfer und einen Stausee, der von den zahlreichen eiskalten Bächen und den hier in den Bergen abregnenden, dunklen Wolken gespeist wird. Zum Glück ist es heute aber sonnig, die Sicht nahezu ungetrübt. Der Weg zum 2235 Meter hohen Gipfel des Monte Pasubio bleibt einem aber versperrt – er ist nicht zuletzt aus Naturschutzgründen gesperrt. Bei einer Pasta-Pause in der Nähe von Sant' António bewundern wir von weitem das stolze Bergmassiv und lassen's uns schmecken.

ANREISE

Aus Deutschland fährt man am einfachsten die Route München, Innsbruck, Brenner und Bozen, um an den Gardasee zu gelangen. Hier wählt man im Norden des Sees die Abfahrt Rovereto-Süd/Lago di Garda-Nord und im Süden die Abfahrt Affi/Lago di Garda-Süd. Alternativ kann man auch über Karlsruhe, Basel, Luzern, Lugano, Como, Milano und Brescia anreisen.

Schicksalsträchtiger Berg: der Monte Pasubio

Für eine Pause ist es höchste Zeit; auf den holprigen Asphaltsträßchen und in den engen Kehren haben wir und unsere Motorräder nämlich alles gegeben. Nun schreit der Körper förmlich nach Kohlehydraten. Nebenbei erzähle ich noch die Geschichte von den drei Bekannten, die – wegen der zahlreichen dunklen Tunnels – mit Grubenlampen bewaffnet die schmale Auf- und Abfahrt zum und auch vom Pasubio per Mountainbike meisterten. Ihre Warnungen sind mir noch gut im Gedächtnis.

Der Blick vom Ristorante hinauf zum schicksalsträchtigen Bergriesen ist schon beeindruckend. Das zerklüftete Massiv im Trentino war im Ersten Weltkrieg das große Schlachtfeld italienischer und österreichischer Gebirgstruppen, die hier einen unsinnigen, mörderischen Stellungskrieg führten und ein Labyrinth aus Tunnels, Trassen und Kavernen in den Fels sprengten. Viele Mountainbiker folgen den Spuren von Touren-Guru und Lago-Kenner Elmar Moser, immer ausgestattet mit den bereits genannten Grubenlampen auf dem Fahrradhelm

Stille Straßen rund um den See: Abseits der Touristenströme läßt es sich gut biken.

und jeder Menge Respekt in der Hose. Wir mit den schweren Bikes kommen erst gar nicht in die Bredouille, vor der „Strada degli Eroi" – der Straße der Helden wie das erste Teilstück genannt wird – kneifen zu müssen.

Im Kurvenlabyrinth

Die „Helden der Landstraße" folgen anschließend der gut ausgebauten Strecke über Schio und Piovene-Rocchette, um schließlich hinter Caltrano wieder im Kurvenlabyrinth der Strada SS 349 emporzusteigen. Allerdings fahren wir auf den ersten Kilometern noch etwas gehemmt, was auf die zwei vorausfahrenden italienischen Motorradpolizisten zurückzuführen ist, deren Pegasos nicht ganz so gut am Gas zu hängen scheinen. Macht aber nichts, eine spontan eingelegte Fahrpause läßt die beiden von der polizia municipale schnell entschwinden, und wir kommen so doch noch auf unsere Kosten.

Es ist schon spät. Wir folgen dem weiteren Verlauf der SS 349 über Asiago und Carbonare; hier zieht die abschnittsweise frischgeteerte Straße weitere Radien. Teilweise sind die Asphaltarbeiten sogar noch im Gange. Ein Straßenbauarbeiter mit wenig vertrauenerweckendem Funkgerät weist uns auf die Gegenfahrbahn. Ich fahre langsam voraus. Mein Argwohn ist berechtigt, wie sich wenig später herausstellt, als uns in einer Kehre ein mit Splitt beladener Lkw auf eben dieser Seite entgegenkommt. Ich kann gerade noch rechtzeitig bremsen und über die hohe Kante zur frisch geteerten Seite wechseln. Typisch italienische Lässigkeit!

Wenig später sind solche Momente aber längst vergessen, als wir die serpentinenreiche Straße von Folgária nach Calliano hinabschwingen, fast so wie Adler auf Beuteflug. Mit reichlich Kurvenbeute im Gepäck kehren wir spät abends in unserem Quartier in Tórbole ein, wo wir uns von Patricia, der Tochter der Besitzerin, mit Bardo-

Silencio, per favore: Auf der Garda-Promenade ist nachts um halb eins nicht mehr viel los.

Fröhliches Hin und Her: In zahlreichen engen Serpentinen schwingt sich die Auffahrt zum Paso di Croce Domini auf immerhin 1892 Meter hinauf.

lino, Lambrusco und einigen Birre verwöhnen lassen.

Der Tunnel zum Lago di Ledro

Am nächsten Morgen geht es erst mal durch den fünf Kilometer langen Tunnel in Richtung Lago di Ledro. Leider ist die in vielen Reiseberichten beschriebene, atemberaubende Bergstrecke unmittelbar am Gardasee gesperrt. Die Behörden wollen dem schier grenzenlosen Tatendrang einiger Fahrer Einhalt gebieten, damit die Natur nicht noch mehr in Mitleidenschaft gezogen wird, als es wegen des Massentourismus ohnehin schon der Fall ist. Doch auch nach dem „schwarzen Loch" kommt man fahrtechnisch auf seine Kosten. Wer will, kann am Ledro-See Reste der prähistorischen Pfahlbautensiedlung (1700 v. Chr.) besichtigen, die erst 1929 entdeckt wurde, oder ein erfrischendes Bad im eiskalten, türkisfarbenen Wasser des bis zu 49 Meter tiefen Gewässers nehmen.

Pause, per favore: Die Ducatis haben Ruh', die Treiber genießen doppio espresso (oben). Wie ausgestorben liegt Fiavè zwischen Lago di Tenno und Ponte Arche (rechte Seite).

Mindestens genauso reizvoll sind die phantasievoll geschwungenen Kurven rund um den See sowie im Val d'Ampola, das sich gegen Ende immer mehr verengt und mit einer „torrente" – einer Spitzkehre – nach der anderen auftrumpft. In einer davon erfrischen wir uns in der Gischt eines kleinen Wasserfalls, der unmittelbar neben der SS 240 herabstürzt.

In Storo gleicht die Ortsdurchfahrt eher einem Eselspfad als einer Landstraße. Da müssen Fahrer der sportlich orientierten Fraktion jeden vom Asphalt ausgeteilten Schlag flachliegend, mit den Lenkerstummeln zwischen den Zähnen, wegstecken. Wegen des zunehmend schlechter werdenden Wetters kehren wir am Idro-See um und fahren auf gleichem Weg zurück. Die Auffahrt zum legendären Tremalzo wollen wir aber auf keinen Fall auslassen. Inmitten dichten Nadel- und Laubwalds schlängelt sich der schmale Asphaltpfad bis auf eine Höhe von knapp 1900 Metern zu einem Ausflugslokal.

Ab hier ist dann Schluß; nur noch ein kleiner Schotterweg ermöglicht die Weiterfahrt zur Hochebene von Tremósine. Allerdings nur theoretisch – mittlerweile gelten überall rund um den Gardasee Streckensperrungen für enduroträchtige Offroad-Routen.

Wasseridyll am Tenno-See

Am nächsten Tag folgen wir der SS 421 ab dem Tenno-See in Richtung Lago di Molveno. Die Auffahrt zum Tenno und der kleine Bergsee sind in jedem Fall lohnend. Fernab der Hektik rund um den Lago di Garda kann man inmitten der beschaulichen Natur mal richtig durchatmen und die Seele baumeln lassen: Der See glänzt in sattem Blaugrün, Forellen jagen durchs

Angenehm frisch: der Gardasee nach einem Gewitterschauer (großes Bild).

knöchelhohe, glasklare Uferwasser, und eine Entenfamilie malt mit zarter Bugwelle Konturen auf die nahezu glatte Wasseroberfläche. Ein Idyll besonderer Art, wenn nicht gerade Reisebusse vorfahren, die Heerscharen von Touristen ans Seeufer entlassen.

So geschieht es denn auch, und die Entscheidung fällt nicht schwer, noch ein paar Kurven zu sammeln. Die auf der Karte grün markierte Route nach Ponte Arche und weiter an den Lago di Molveno hält davon einige bereit. Das Teilstück ab Villa Banale ist vielfach in den blanken Fels gemeißelt und eröffnet einem grandiose Ausblicke auf die umliegende Bergwelt. Während im Norden und Nordwesten die Massive der Brenta-Gruppe bis auf über 3000 Meter ansteigen, verlaufen die Höhenzüge im Osten bis hin zum Monte Ranzo (1835 Meter) und Monte Terlago (2034 Meter) etwas flacher. Am Lago di Molveno ist es ruhig, was entweder an der Reisezeit (Vorsaison) oder aber am unbeständigen Wetter liegen mag.

Schönwetterparadies Gardasee

Letzeres treibt uns schließlich wieder mit einem heftigen Regenschauer zurück an den Gardasee, der ein regelrechtes Schönwetterparadies zu sein scheint. Die dunklen Regenwolken werden meist schon von den schutzspendenden Felsriesen abgefangen. Und das, was an Wolken anschließend noch an den See gelangt, hält sich meist nur kurze Zeit oder wird im wahrsten Sinne des Wortes vom Winde verweht. Die zahlreichen Winde haben den Lago vor allem unter Seglern und Surfern populär gemacht und sorgen selbst bei hohen Temperaturen im Sommer für ein erträgliches Klima. Ein paar Stunden am Kieselstrand von Tórbole verschaffen einem die willkommene Urlaubsmuße.

Immer freundlich und interessiert: Italiener können sich in jedem Alter für ein schönes Motorrad begeistern – vor allem, wenn es aus heimischen Gefilden stammt (oben). Weit schweift der Blick über das Hinterland des Gardasees, in dem sich einige hübsche Stauseen verstecken (links).

Berg- und Kurvenetappe

Ausgeruht und entspannt geht es am nächsten Tag wieder auf eine Berg- und Kurvenetappe; nur wenige Kilometer hinter Storo biegt ein schmales Sträßchen nach Bagolino ab.

Thront hoch über dem Gardasee: das Kastell von Tenno.

750 SS
DUCATI
DESMO

Hier oben betreiben die Bewohner vielfach Almwirtschaft beziehungsweise Viehzucht, spätestens an den unregelmäßig auf der Straße verteilten Kuhfladen zu erkennen. Da kommt es schon einmal vor, daß man wegen einer vorbeiziehenden Horde Kühe anhält, den Motor abstellt und wartet.

Die Ruhe und Gelassenheit, die Natur und Bergbauern ausstrahlen, übertragen sich schnell. Das ist auch gut so, denn auf den folgenden Kilometern hinauf zum Paso di Croce Domini muß man in dessen engen Kehren stets mit Gegenverkehr in Form von Versorgungsfahrzeugen und Traktoren rechnen. Dennoch bereitet der Aufstieg im Labyrinth der Serpentinen enormen Fahrspaß.

Bei der anschließenden Rast auf der Paßhöhe treffen wir auf zwei 916-Fahrer aus Bielefeld, die ihre roten Topmodels hier hinaufgequält haben. Mit den bis ans Kinn reichenden, vollbepackten Tankrucksäcken sicher kein Vergnügen. Doch den Jungs scheint das nichts auszumachen, geschweige denn der kurzzeitige Ritt über Schotterpassagen. Das kann einem ja glatt die Tränen in die Augen treiben.

MOTORRADFAHREN

Rund um den Gardasee bietet sich dem Motorradreisenden ein Kurvenrevier vom Feinsten. Meist steigen mit den Höhenlinien auf der Karte auch die Ansprüche. Die Serpentinen werden enger, die Straßen schmaler und vom Belag her schlechter. Unter all den in der Geschichte beschriebenen Routen ragen eindeutig die am Pasubio, Tremalzo, Passo di Croce Domini und vor allem die am Lago di Valvestino heraus.

Stets sollte man aber bei aller Begeisterung etwas Sicherheitsreserven in petto haben: Entgegenkommende Lkw, herabgefallene Steine, eng zuziehende Kurven, schlechter Belag und Tunnels halten manche böse Überraschung parat.

Im Hafen von Tórbole trifft man am Motorradparkplatz Biker aus ganz Europa. Wer Motorradtreffen in der Nähe besuchen möchte, dem sei ein Blick in die Italo-Zeitschrift Motalia (Verlag Felix Hasselbrink, Schönberger Straße 2, 24321 Lütjenburg, Telefon 04381/7701, Fax 9623) empfohlen.

Immer wieder schön anzusehen: der Ausblick auf See und Berge an einem klaren Tag in Tórbole.

Kurvenfreuden am Lago di Valvestino

Für uns heißt es anschließend wieder, die strada asphalto weiterzufahren und eine Schleife zum Gardasee hinzulegen. Spätestens an der Tankstelle in Bienno wird uns aber klar, daß eben diese – auf der Karte grün markierte – Schleife über die Schotterpassage oben am Paß führt. Einzige Alternative zur Rückkehr über Bagolino wäre der rund 200 Kilometer lange Umweg über Brescia und die Gardesana Occidentale, die meist mit einer Blechlawine verstopfte Westuferstraße des Gardasees. Also lieber die gleiche Strecke retour. Die Stimmung ist dennoch gut, und so umrunden wir noch den Lago d'Idro, um zum abschließenden Swing in Richtung Lago di Valvestino anzusetzen.

Auf dieses Kurvenerlebnis der besonderen Art will keiner verzichten, im ständigen Wechsel von Links- und Rechtskehren tanzen Bikes und Fahrer einen unvergleichlichen Motorrad-Walzer. Dabei immer schön flüssig und nahezu gleichmäßig, nur selten kommt man über den zweiten Gang hinaus. Wer hier nicht den echten Kick bekommt, sollte lieber aufs Tretboot umsatteln.

Bei all der Begeisterung darf man aber keinesfalls die Gefahren aus den Augen verlieren, die zwischen den engen Felswänden lauern. Das wird uns spätestens klar, als wir ein letztes Mal hoch oben über Gargnano haltmachen und den herrlichen Blick auf den im Abendlicht goldschimmernden See genießen: In zentimetergenauer Maßarbeit zwängt ein Lkw-Fahrer seinen Dreiachser zwischen den hervorstehenden Felswänden hindurch – unter gelegentlicher Betätigung der Hupe. Wenn der vorhin unserem Trupp in einer der Kehren entgegengekommen wäre...

Imposanter Blick vom Monte Baldo

Der letzte Tag gehört dem Strand und ab dem späten Nachmittag dem Monte Baldo. Eben jener Berg, der das Ufer des Lago di Garda am höchsten überragt (2218 Meter) und bei allen, die ihn „bestiegen" haben, nachhaltige Eindrücke hinterläßt. Bei klarem Wetter hat man eine einzigartige Sicht auf den See, die Uferzone mit ihren zahlreichen Tunnels und den dicht ans Wasser reichenden roten Dächern der Urlaubsorte sowie die angrenzenden alpinen Riesen.

Letzter Halt im Hohen Norden: Riva ist eine der beliebtesten Gemeinden am See – und eine der schönsten dazu.

Ab Malcésine fährt eine Seilbahn bis auf 1790 Meter zur Bergstation des Monte Baldo. Motorradfahrer biegen in Mori ab in Richtung Brentónico und folgen dem gut ausgebauten Asphaltband, das sich wie eine Klapperschlange im Wüstensand hinaufwindet. Dabei bietet der „Aufstieg" reichlich Gelegenheit zu Fotostopps, bei denen man sich von der Faszination der zerklüfteten Bergwelt und ihrer facettenreichen Vegetation gefangennehmen lassen kann.

Man wundert sich über den sensiblen Umgang der Bergbauern mit dem Gasgriff, wenn sie ihr Vieh per Trialmaschine zusammentreiben. Immer wieder schaue ich während der Fahrt in den Rückspiegel, nach meinen Zweiradkollegen suchend: Ich beobachte, wie sie gerade eben das gleiche Gardasee-Motorradmenü in Form von Kurven, Kurven, Kurven genießen.

ALLGEMEINES

Der Gardasee zählt zu den beliebtesten Reisezielen in Norditalien. Mit 51,6 Kilometern Länge und 17,2 Kilometern Breite ist er einer der größten Seen in alpiner Landschaft und liegt 65 Meter über dem Meeresspiegel. Die tiefste Stelle bei Campione del Garda mißt 346 Meter. Die 160 000 Einheimischen (mit unmittelbarem Umland) leben überwiegend vom Tourismus. Jährlich kommen 2,5 Millionen Touristen an den Gardasee; die deutschen Urlauber machen mit knapp 40 Prozent den größten Anteil an ausländischen Besuchern aus.

In der Hauptsaison von Ende Juni bis August sind Campingplätze, Privatpensionen und Hotels voll ausgebucht. Im Hinterland geht es deutlich ruhiger zu, die Menschen leben dort überwiegend von Ackerbau und Viehzucht. Die Vegetation ist vielseitig, mediterrane Gewächse wie Palmen, Olivenbäume und Agaven in der Uferregion wechseln ab mit Laub- und Nadelwald sowie weich verlaufenden Almwiesen in den Bergen.

Den See sowie das Umland teilen sich drei Provinzen: Trento im Norden, Brescia im Westen und Verona im Osten, die wiederum zu den Regionen Trentino-Alto Adige (Südtirol), Lombardei und Venetien gehören. Wie viele andere Gebiete in Norditalien besitzt der Gardasee wegen seiner guten Infrastruktur und der wirtschaftlich hervorgehobenen Position weitgehende Eigenständigkeit. So verwundert es nicht, daß die radikale Lega Nord, die sich vom ärmlichen Süden distanzieren möchte, hier relativ viele Anhänger findet. Auch die Geschichte des Gardasees erzählt früh von Autonomiebestrebungen. Ende des zehnten Jahrhunderts entstehen in allen oberitalienischen Städten autonome Stadtrepubliken. Veneter, Etrusker, Kelten und Römer haben bis dato schon deutliche Spuren ihrer Anwesenheit hinterlassen. Zwischen 1260 und 1387 verhilft das Adelsgeschlecht der kaisertreuen Saliger dem Gardaseegebiet und Verona zu wirtschaftlichem Aufschwung. Napoleon betritt 1796 hiesiges Territorium, die von ihm gegründete Cisalpinische Republik erhält im Frieden von Campoformio das westliche Seeufer. Im Ersten Weltkrieg führen Österreicher und Italiener rund um den Monte Pasubio einen erbitterten Stellungskampf, der sinnloser und grausamer kaum sein kann. Der Fels rund um den schicksalsträchtigen Berg ist durchlöchert wie ein Schweizer Käse, ein nicht enden wollendes Labyrinth aus Stollen, Trassen und Tunnels zeugt von den damaligen Kriegsaktivitäten. Nach dem Sturz des faschistischen Regimes Ende des Zweiten Weltkriegs flüchtet „Duce" Benito Mussolini an den Gardasee und gründet die Republik von Salò. Bei der Auseinandersetzung mit Partisanen wird er auf der Flucht erschossen. 1946 wird Italien zur Republik erklärt.

Italienische Fremdenverkehrsämter (ENIT): Berliner Allee 26, 40212 Düsseldorf, Tel.: 0211/132232, Fax: 134094. Kaiserstraße 65, 60329 Frankfurt, Tel.: 069/237430, Fax: 232894. Goethestraße 20, 80336 München, Tel.: 089/530369, Fax: 534527

KLIMA UND REISEZEIT

Die beste Reisezeit für Motorradfahrer ist Mai bis Juni, wenn die Vegetation noch in voller Blüte steht. Dabei gilt allerdings zu bedenken, daß der Monat Mai der niederschlagsreichste am Gardasee ist. Aber auch bis weit in den Juni hinein ist der Zustrom an Urlaubern noch erträglich. Die Temperaturen klettern weit über 20 Grad.
In den umliegenden Bergregionen ist es deutlich kühler, fürs Motorradfahren aber immer noch akzeptabel. Vor allem im Norden des Sees bläst auch im Sommer stets ein frischer Wind, der die Temperaturen erträglich macht. Glasklare Sicht hat man meist nur für kurze Zeit nach Regenschauern und Gewittern. Ansonsten sind der See und seine Umgebung in einen Dunstteppich eingehüllt, der die Strahlen der Sonne angenehm abschwächt. Außerdem ist dies laut Aussage von Einheimischen Garant für weiterhin beständiges, trockenes Wetter.

ATTRAKTIONEN

Am nördlichen Westufer lockt die hoch über dem See gelegene Wallfahrtskirche Madonna di Monte Castello zwischen Gardola und Prabione. In unmittelbarer Nähe trifft man auf die einzigartige Hochebene von Tignale und kann sich anschließend nach Osten in die Schlucht von Pieve „fallen" lassen. Weitere Highlights der hier beschriebenen Route sind die Gegend rund um den Monte Pasubio (2235 Meter), der „Aufstieg" zum Tremalzo (1974 Meter) oder Passo di Croce Domini (1892 Meter) zwischen Bagolino und Bienno. Außerdem bieten die zahlreichen Bergseen willkommene Abwechslung und Gelegenheit für ein (Sonnen-) Bad; die Wassertemperatur in den von Gebirgsbächen gespeisten Gewässern verlangt aber etwas Überwindung. Ein Muß für jeden Gardasee-Besucher ist der Monte Baldo (2218 Meter) mit seiner alpinen Pflanzenvielfalt und der überwältigenden Aussicht bei klarem Wetter. Etliche Burgen wie zum Beispiel die von Arco oder die Scaligerburg in Malcésine laden zum Besuch ein. Gleichzeitig stößt man auf die Spuren von berühmten Künstlern, Dichtern und Denkern, deren populärster wohl Goethe sein dürfte. In Tórbole erinnert an der Piazza Vittorio Veneto eine Gedenktafel an den berühmten Deutschen und seine „Italienische Reise". Andere beliebte Freizeitaktivitäten am Lago sind baden, mountainbiken oder surfen.

ESSEN

In den zahlreichen Restaurants um den Gardasee kann man zwischen typisch italienischem Essen mit Minestrone (Suppe), Pasta (Nudel- und Teiggerichte), Pizza, Pesce (Fisch) und Carne (Fleisch) sowie deutscher Küche wählen. Dazu trinkt man stilecht Bardolino, Valpolicella oder Lambrusco, oder einfach ein birra (Bier). Nach dem Essen zu empfehlen sind Espresso oder Ramazotti auf Eis mit Zitrone.

NIGHTLIFE

In den größeren Orten rund um den Gardasee gibt es die Möglichkeit, Discotheken oder Bars und Kneipen zu besuchen. Vor allem die Jugendlichen zieht es stärker nach Sirmione, einer Hochburg des Nachtlebens. Wer auf Disco verzichten kann und lieber ein Glas Wein in einem Straßenrestaurant genießen möchte, ist fast in allen Orten goldrichtig dran. Denn selbst in den kleineren Dörfern wird der Tourismus großgeschrieben – von daher ist für ein ausreichendes Freizeitangebot nach ausgiebigem Motorradfahren und Strandleben gesorgt.

GELD

Der Benzinpreis für einen Liter Benzin Super bleifrei (senza piombo) beläuft sich in Italien auf rund zwei Mark; Normal bleifrei ist in Italien nicht erhältlich. Fast überall rund um den Gardasee finden sich Geldautomaten, an denen mit EC-Karte Bargeld erhältlich ist. Die meisten Hotels, Restaurants und Gaststätten akzeptieren die gängigen Scheckkarten oder Euroschecks als Zahlungsmittel. So muß man lediglich einen begrenzten Bargeldbetrag mit sich führen. 1000 italienische Lire (Lit) entsprechen 1,09 Mark (Stand Sommer 1998). Achtung: Die Preise fürs Essen liegen während der Hauptsaison deutlich höher als in der Nebensaison und sind wie anderswo auch weitgehend abhängig von der Klasse des Restaurants. In der Nebensaison unterscheiden sich die Preise für Speis' und Trank nur unwesentlich von durchschnittlichen Restaurantpreisen im deutschsprachigen Raum.

HOTELS

Casa Nataly,
Piazza Alpini 10,
I-38069 Tórbole sul Garda (TN),
Tel.: +39 (464) 505341,
Fax: 506223

- 4 Einzel-/10Doppelzimmer
- Restaurant
- abgeschlossene Garagen
- Doppelzimmer ab 84 Mark
  Einzelzimmer ab 46 Mark

Hotel Du Lac e Du Parc,
Viale Rovereto, 44, I-38066 Riva,
Tel.: +39 (464) 551500,
Fax: 555200

- 170 Einzel-/Doppelzimmer
- Restaurant
- abgeschlossene Garagen
- Doppelzimmer ab 240 Mark
  Einzelzimmer ab 160 Mark

Bett und Bad: Unterkünfte gibt es reichlich und in jeder Kategorie am Gardasee.

Grand Hotel Riva, Piazza Garibaldi, 10, I-38066 Riva, Tel.: +39 (464) 521800, Fax: 552293

77 Einzel-/Doppelzimmer
2 Restaurants
Stellplatz
Doppelzimmer ab 200 Mark
Einzelzimmer ab 110 Mark

Club Hotel Lago di Tenno, Lago di Tenno, I-38066 Tenno, Tel.: +39 (464) 502031, Fax 502101

55 Einzel-/Doppelzimmer
Restaurant
abgeschlossene Garagen
Doppelzimmer ab 100 Mark
Einzelzimmer ab 50 Mark

Hotel Reporter, Viale Roma, 40, I-37018 Malcésine, Tel.: +39 (45) 7400560, Fax: 7400602

119 Einzel-/Doppelzimmer
Restaurant
bewachter Stellplatz
Doppelzimmer ab 200 Mark
Einzelzimmer ab 110 Mark

Hotel Gardesana, Piazza Calderini, 20, I-37010 Torri del Benaco, Tel.: +39 (45) 7225411, Fax: 7225771

85 Einzel-/Doppelzimmer
Restaurant
Stellplatz mit Tor
Doppelzimmer ab 130 Mark
Einzelzimmer ab 85 Mark

Hotel Residence Poiano, 37016 Garda/Ortsteil Poiano-Costermano, Tel.: +39 (45) 7200100, Fax: 7200900

95 Doppelzimmer
Restaurant
Stellplatz
abgeschlossene Garagen
Doppelzimmer ab 109 Mark

Hotel Kriss, Lungolano Cipriani, 3, I-37011 Bardolino, Tel.: +39 (45) 6212433, Fax: 7210242

3 Einzel-/30 Doppelzimmer
Restaurant
5 abgeschlossene Garagen
Doppelzimmer ab 112 Mark
Einzelzimmer ab 60 Mark

Hotel Eden, Piazza Carducci, 17/18, I-25019 Sirmione, Tel.: +39 (30) 916481, Fax: 916483

3 Einzel-/30Doppelzimmer
Stellplatz
abgeschlossene Garagen
Doppelzimmer ab 210 Mark
Einzelzimmer ab 150 Mark

Hotel Grifone, Via Bocchio, 5, I-25019 Sirmione, Tel.: +39 (30) 916014, Fax: 916548

16 Einzel-/Doppelzimmer
Stellplatz
Doppelzimmer ab 78 Mark
Einzelzimmer ab 50 Mark

Hotel-/Restaurant Lido International, Via dal Molino, 63, I-25015 Desenzano, Tel.: +39 (30) 9141027, Fax: 9143736

25 Einzel-/Doppelzimmer
Restaurant
bewachter Stellplatz
abgeschlossene Garage
Doppelzimmer ab 140 Mark,
Einzelzimmer ab 90 Mark.

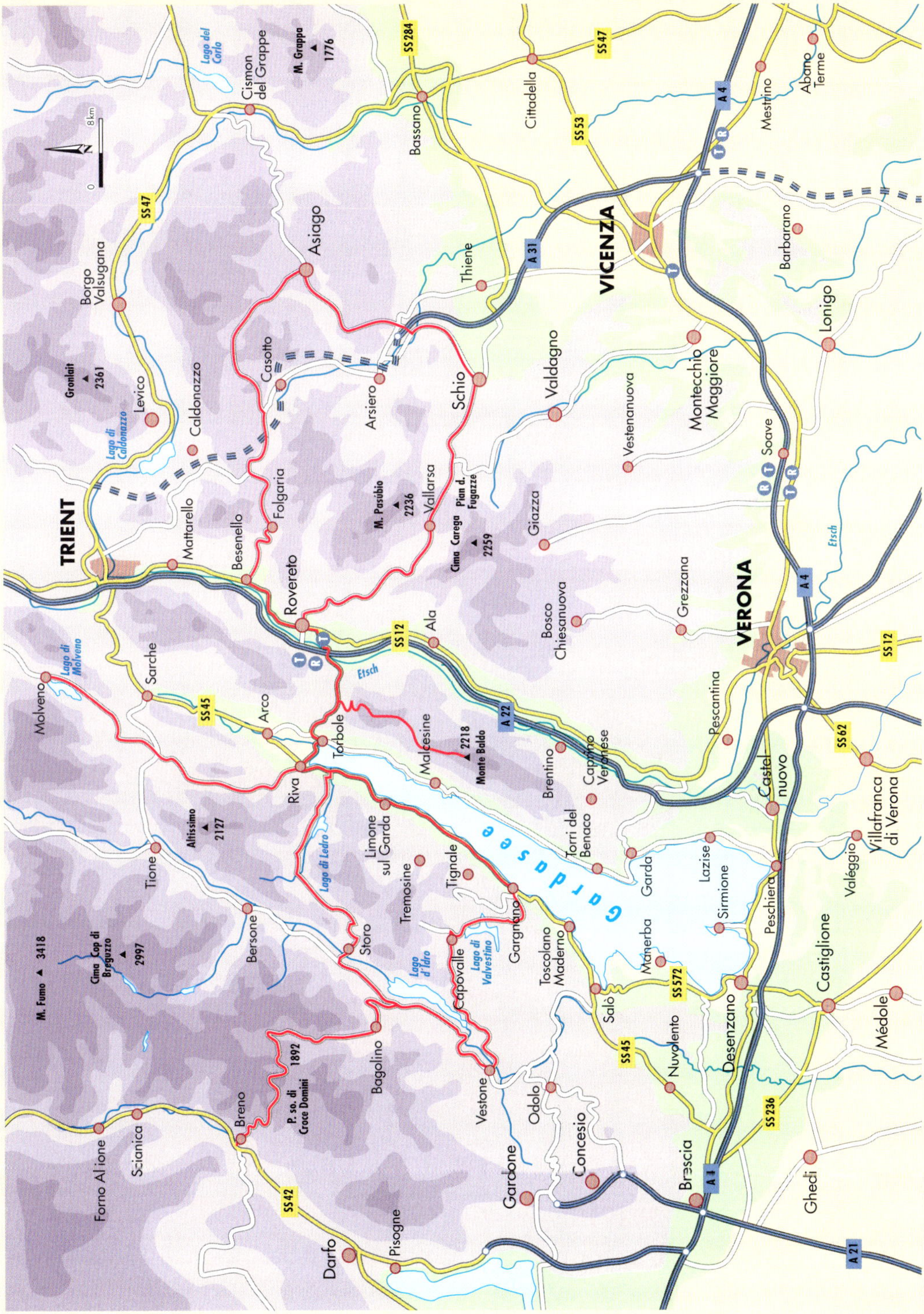
TRIENT
VERONA
VICENZA
Gardasee
Riva
Torbole
Arco
Rovereto
Malcesine
Monte Baldo
2218
Limone sul Garda
Tremosine
Tignale
Gargnano
Toscolano Maderno
Salò
Manerba
Sirmione
Desenzano
Peschiera
Lazise
Garda
Torri del Benaco
Brentino
Caprino Veronese
Castelnuovo
Pescantina
Valeggio
Villafranca di Verona
Castiglione
Medole
Ghedi
Brescia
Concesio
Gardone
Odolo
Vestone
Nuvolento
Capovalle
Lago di Valvestino
Lago d'Idro
Bagolino
Storo
Lago di Ledro
Bersone
Tione
Altissimo
2127
Sarche
Molveno
Lago di Molveno
Breno
P. so. di Croce Domini
1892
Forno Allione
Scianica
Darfo
Pisogne
M. Fumo
3418
Cima Cop di Breguzzo
2997
Mattarello
Besenello
Folgaria
Caldonazzo
Lago di Caldonazzo
Levico
Gronlait
2361
Borgo Valsugana
Casotto
Asiago
Arsiero
Schio
Vallarsa
M. Pasubio
2236
Pian d. Fugazze
Cima Carega
2259
Ala
Giazza
Bosco Chiesanuova
Grezzana
Valdagno
Vestenanuova
Montecchio Maggiore
Soave
Lonigo
Barbarano
Thiene
Bassano
Cittadella
Mestrino
Abano Terme
Cismon del Grappe
Lago del Corlo
M. Grappa
1776
Etsch
SS47
SS284
SS53
SS45
SS12
SS42
SS572
SS236
SS62
A 22
A 31
A 4
A 21
0
8km
N

Sanft geschwungene Hügelketten, mediterrane Temperaturen und das große historische Kulturgut sind nicht nur für Motorradfahrer ausreichende Beweggründe, die Flucht in die beschauliche Atmosphäre der Toskana anzutreten.

Tour für Genießer

Von Andi Seiler

Der sanfte, goldglänzende Morgendunst und die wohlige Wärme der ersten Sonnenstrahlen wecken unsere Lust aufs Motorradfahren. Da lohnt es sich glatt, mal früh aus den Federn zu krabbeln. Hinzu kommen der frische Duft von Pinien und Zypressen und der Gesang unzähliger Grillen, die für die passende Atmosphäre beim Start zu einer Reise über die toskanischen Hügel sorgen. Vor etwa zwei Stunden hat es noch wie aus Eimern gegossen, und nun ist die Landschaft eingebettet in einen wohltuenden Schleier.

Nach einem kurzen Besuch von Bolgheri und der längsten Zypressenallee Italiens (4,8 Kilometer) schwingen wir locker durch die Serpentinen hinauf zum Capo di Monte. Nicht enden wollende Kurvenkombinationen und die vorbeifliegende Hügellandschaft geleiten uns und unsere Motorräder wie in Trance Kilometer um Kilometer voran. Zwischendrin verschlafene Orte wie Monteverdi Marittimo und Serrazano mit Bruchsteinhäusern und buntbemalten Fensterläden, die italienische Lebensfreude ausdrücken.

ANREISE

Viele Wege führen nicht nur nach Rom, sondern auch in die Toskana. Eine der beliebtesten, aber auch belebtesten Routen führt aus Richtung München/Innsbruck über die Brennerautobahn. Die parallel dazu verlaufende Landstraße ist oftmals für Motorräder gesperrt. Weiter geht es dann in Richtung Bologna und schließlich zum jeweiligen Reiseziel. Eine andere Anfahrtsmöglichkeit besteht aus Richtung Bodensee über den San Bernardino oder Basel über den San Gottardo, anschließend über Mailand und Genua die ligurische und toskanische Küste entlang. Eine weitere Alternative führt über Salzburg und Udine in Richtung Bologna und Toskana.

Das macht unter anderem die Toskana aus, eine Region zum entspannten Genießen. Seit den Siebzigern richteten immer mehr wohlhabende Deutsche sowie internationale Künstler hier in der kulturhistorisch wohl wichtigsten Region Italiens ihr Feriendomizil ein, wollten von ihren stressigen Jobs in den Metropolen der Welt ausspannen und frische Kraft für neue Ideen auftanken. Wenig später hielt auch der Massentourismus Einzug in dieses Gebiet. Insofern kann man die Toskana beileibe nicht mehr als Geheimtip bezeichnen, aber die Region hat sich trotz der Invasion ihren eigenständigen Charme erhalten.

Weniger charmant empfängt uns Larderello; hier regiert der italienische Alltag. Fast bedrohlich ragen mächtige Kühltürme inmitten der toskanischen Hügellandschaft hervor. Die sanften Höhenzüge sind hier von dicken, glänzenden Rohrleitungen zugebaut, die sich bis Pomarance erstrecken. Hinzu kommt der penetrante Geruch nach faulen Eiern, der unsere Gefühlslage nicht gerade entspannt. Bis zu 700 Meter tiefe Bohrlöcher leiten hier vom Erdinnern auf 160 Grad erhitzten Dampf an die Oberfläche, wo er zum Antrieb von Dampfturbinen genutzt wird. Neben der Wärme trägt der Dampf aber auch das im Erdgestein enthaltene Bor ans Tageslicht.

Bereits die Etrusker wußten die warmen Bordämpfe wegen ihrer heilenden Wirkung in Thermalbädern zu nutzen. Der Franzose François Larderel, nach dem der Ort seinen Namen erhielt, entwickelte ein Verfahren, mit dem ab 1818 durch Verdunstung borsäurehaltigen Wassers Ammoniakderivate gewonnen wurden. Die Bor-Vorkommen erklären auch den widerlichen Geruch, der die Region um Larderello und Pomarance umgibt. Gemeinsam mit dem Gebiet vom Monte Amiato handelt es sich um die größte geothermische Einheit der Welt. Mehr als 400 Megawattstunden Strom werden hier erzeugt, die zur Versorgung des gesamten mittelitalienischen Eisenbahnnetzes ausreichen. Neben Erdgas handelt es sich um Italiens wichtigste heimische Energiequelle.

Perle Volterra

Wir hingegen wollen auf andere Art und Weise Energie auftanken, und dafür scheint die Straße hinauf nach Volterra geradezu geschaffen. Die typischen riesigen Getreidefelder sind jetzt, Ende August, längst abgeerntet. Diesen strahlendgelben Farbton der Stoppeln und den braungrauen Lehmboden der gepflügten Äcker hätte ein Maler sicher nicht schöner verewigen können. Als wunderbaren Kontrast sieht man mittendrin immer wieder verstreut liegende, zum Teil verlassene Gehöfte. Die Ruhe, die von dieser Szenerie ausgeht, ist Balsam für gestreßte Seelen.

Und über all dem wacht hoch oben, nur wenige Serpentinen entfernt, die Etruskerstadt Volterra. An der Porta all'Arco, dem alten etruskischen Stadttor aus dem vierten Jahrhundert vor Christus, parken wir die Motorräder. Im Stadtkern gilt für Touris Fahrverbot.

Die Porta ist das einzig erhaltene Tor der Stadtmauer. Während des Zweiten Weltkrieges füllten die Bewohner den Torbogen mit Steinen an, um ihn vor der Sprengung durch die Deutschen zu bewahren. Gedenktafeln erinnern an die wenig rühmliche Vergangenheit der Invasoren.

An der Piazza dei Priori füllen sich die Straßen zunehmend mit Touristen. Der diesen Platz prägende, im Jahr 1208 errichtete Palazzo dei Priori ist das älteste Rathaus in der Toskana. In den unteren Geschossen finden sich, einem Wehrturm ähnelnd, nur wenige kleine Öffnungen, die auf die bewegte Geschichte Volterras hindeuten. Gegenüber dem Rathaus befindet sich der Palazzo del Popolo mit verschiedenen privaten Palästen und Türmen aus dem 12. und 13. Jahrhundert, die aber im 19. Jahrhundert stark renoviert wurden und dabei viel von ihrem ursprünglichen Reiz eingebüßt haben. Wir nehmen in einer der zahlreichen Stuhlreihen, die mitten auf der Piazza aufgestellt sind, Platz und lassen die Atmosphäre des mittelalterlichen Stadtkerns eine Weile auf uns wirken.

Weit weniger vereinnahmend präsentiert sich uns der Duomo, der Dom

Immer auch ein Stück Lebensart: In der Toskana geht es recht gelassen zu.

aus dem Jahre 1120, dessen Fassade bereits 1254 umgestaltet wurde. Das unmittelbar gegenüberliegende Baptisterium ist mittlerweile renoviert worden. Wir genießen die gute Weitsicht auf das Umland, nur wenige Meter von der Piazza Duomo entfernt.

Nach einer belebenden Tasse Cappuccino in einem der Straßencafés besuchen wir noch die Alabasterwerkstätte am Ortseingang von Colle di Val d'Elsa. Alabaster ist die Haupteinnahmequelle Volterras und hat die Stadt weit über die Grenzen der Toskana hinaus bekannt gemacht. Dann geht es zurück in Richtung Cecina, die letzten Strahlen der Abendsonne genießend.

Sanftes Land: Die weichen Hügel der Toskana geben der Region ihr unverwechselbares Gesicht (rechts). Auch der typische Bewuchs der Olivenhaine trägt zur Wiedererkennung der Landschaft bei (rechte Seite).

Neue und alte Stadt – Massa Marittima

Am nächsten Morgen brechen wir schon früh auf nach Massa Marittima, um der strengen Mittagshitze beim Fahren zu entgehen. Am Capo di Monte folgen wir der Straße in Richtung Süden, fein geschlängelte Landstraßenspaghetti bahnen sich hier den Weg durch die Hügellandschaft. Die vielen engen Kehren vertragen keine Leistungsausbrüche. Hier sind vielmehr Kurvenwalzer-Rhythmus, Fahrgefühl und ein leicht handzuhabendes Motorrad gefragt.

Schon von weitem ist die hoch oben auf einem Hügel über der Maremmen-Ebene erbaute, historische Stadt Massa Marittima auszumachen. Im 12. und 13. Jahrhundert erlebte die Stadt unter der Herrschaft der Pisaner ihre Blütezeit, unter ihnen wurde sie auch zum Zentrum des Erzbergbaus. Die rosigen Zeiten sind aber vorbei, die Erzminen wurden längst geschlossen. Stattdessen konzentrieren sich die Bürger mehr und mehr auf den Tourismus, historische Gemäuer finden sich schließlich genug.

Auffällig ist die Teilung der Stadt in die Città Vecchia, die romanisch geprägte Unterstadt, und die Città Nuova, die gotisch geprägte Oberstadt. Eingangs der Città Vecchia treffen wir unsere Bekannten Silke und Olli, die ebenfalls den heutigen Tag für Massa Marittima eingeplant haben. Die Sonne steht schon hoch am Himmel, und wir flüchten in den Schatten des Duomo San Cerbone. Vermutlich auf den Resten einer frühromanischen Kirche des 11. Jahrhunderts erbaut, steht das beeindruckende Bauwerk auf einer breiten Treppe, die Campanile und Bischofspalast miteinbezieht. Der Blick von hier aus auf die Piazza Garibaldi, die von vielen mittelalterlichen Gebäuden umrahmt wird, ist für Insider einer der absoluten Toskana-Höhepunkte. Die historische Bausubstanz an der Piazza vermittelt innere Ruhe und Zufriedenheit.

San Gimignano – Türme in der Toskana

Nicht minder beeindruckend ist San Gimignano, wo wir am nächsten Tag auf dem Weg nach Siena Zwischenstation machen. Der Ort gilt als besterhaltene mittelalterliche Stadt in der Toskana. Bereits von weitem erkennt man die vielen schmalen, hochaufragenden Turmbauten, die San Gimignano berühmt gemacht haben und auf vielen Postkarten der Toskana zu sehen sind. Das Witzige daran ist, daß die Türme quasi auf

Toskanisches Ambiente: Die Straße folgt der sanften Hügellandschaft – man gleitet durchs Land.

Lohnender Abstecher: Badeurlaub auf Elba

Wer schon einmal in der Toskana ist und noch einige Mußestunden am Strand verbringen möchte, sollte eine Überfahrt nach Elba wagen. Auch wenn Napoleon I. Bonaparte dorthin ins Strafexil geschickt wurde und fortan Kaiser eines nur rund 223 Quadratkilometer großen Eilands war, empfiehlt sich die Insel für einen abschließenden Badeurlaub. Am besten setzt man mit der Fähre von Piombino aus nach Portoferraio über (Motorrad zirka 45 Mark). Das geht relativ schnell, ist kostengünstig und liegt nahe an der hier gefahrenen Route. Im Mittelalter stand das römische „Ilva" unter der Herrschaft der Pisaner und war ab 1399 im Besitz der reichen Familie Appiano aus Piombino. Im 17. Jahrhundert stritten Franzosen, Spanier und die Medici aus Florenz um die Insel. Letztere vererbten es 1738 an Lothringen. Nach Napoleons kurzer Regentschaft (1814-1815) fiel Elba an die Toskana und ab 1860 an das Königreich Italien. Rund 27 000 Einwohner bevölkern heute das Eiland. Haupt-Einnahmequelle ist eindeutig der Tourismus, in frühen Zeiten war Elba aufgrund der großen Erzvorkommen Zentrum der Eisengewinnung. Die Griechen nannten die Insel Aethalia – „verrußte Insel". Neben schönen Sandstränden und glasklarem Wasser hat Elba auch eine Menge Kulturgut und historische Bausubstanz zu bieten. Vor allem in ehemaligen kleinen Fischerorten wie Bagnaia oder Bergdörfchen wie Rio nell'Elba findet man noch die Ursprünglichkeit und den ganz eigenen Charme der Insel. Zahlreiche Hotels und Campingplätze machen die Quartiersuche leicht.

einen Wettbewerb zurückzuführen sind: Die Handelsgeschlechter der Stadt wollten durch die Größe ihrer Turmbauten ihren Reichtum dokumentieren; einer versuchte den anderen zu überbieten. Nur an die Höhe des Rathausturms durfte laut Statut keiner heranragen. Gleichzeitig hatten die Hochbauten aber auch praktischen Nutzen: Die Großfamilien fanden hier trotz notorischen Platzmangels innerhalb der Stadtbefestigung ausreichenden Wohnraum und Schutz vor manch blutiger Fehde rivalisierender Familien.

Heute geht es in San Gimignano weitaus verträglicher und gemütlicher zu. Vor allem gegen Abend, wenn mit den entschwindenden Reisebussen der Touristenstrom allmählich wieder abebbt, versprüht der Ort seinen ganz eigenen Reiz. Dann zeichnet San Gimignano das typische Bild einer historischen toskanischen Stadt.

Metropole Siena

Der darauffolgende Tag steht ganz im Zeichen der Metropole Siena, ewige Konkurrentin von Florenz. Schon der bauliche Glanz der Stadt mit dem Campo und der 102 Meter hohen Torre del Mangia sowie der prunkvolle gotische Duomo Santa Maria ziehen den Besucher in seinen

GESAMTKUNSTWERK TOSKANA

Die Mittagssonne hat die Schatten der umliegenden Gebäude wie mit einem unsichtbaren Schwamm weggewischt. Mediterrane Lichtfülle durchflutet die Piazza Signoria, das Zentrum der Altstadt von Florenz. Geblendet vom gleißenden Licht habe ich für einen Augenblick die Orientierung verloren. Denn gerade trete ich aus dem Halbdunkel der nach dem Bombenanschlag wiedereröffneten Uffizien, wo die Kunstschätze der unterschiedlichen Zeitepochen die Jahrhunderte überdauern. Doch was ist noch selbstverständlich im Lande einer Mafia, der nichts heilig zu sein scheint.

Noch benommen von den künstlerischen Leckerbissen bin ich unschlüssig, wohin ich gehen soll. Ich schlendere ziellos an der Fassade des Ehrfurcht gebietenden Palazzo Vecchio vorbei und bleibe dann unwillkürlich stehen. Plätscherndes Wasser belebt die Sinne. Ein kurzer Blick zur Seite liefert die Erklärung: Unbeabsichtigt habe ich mich dem Neptunbrunnen genähert, dessen sprühendes Wasser eine magische Anziehungskraft auf mich ausübt. Fast meine ich sogar, zu Füßen des Meeresgottes, zwischen den bronzenen Satyrn und Nymphen, die Venus Botticellis auf ihrer riesigen Muschel wiederzuerkennen. Doch die entpuppt sich als eine irreale Fata Morgana, verursacht durch die soeben gesammelten Eindrücke des Museumsbesuchs.

Nun spüre ich es genau: Drei Tage Florenz und drei Tage Kunst vom Feinsten haben meinen Kopf so vollgepackt, daß – so fürchte ich – für heute nichts mehr reingehen will. Und noch zu Füßen der Neptun-Marmorstatue fasse ich den spontanen Entschluß, für den Rest des Tages die Seele an der frischen Luft baumeln zu lassen, mich umzupolen von Kultur auf Natur und den Abhang des Apennin-Gebirges nach Fiesole hinaufzuwandern. Ein motivierender Gedanke!

Nachdem ich mich mit dem Nötigsten eingedeckt habe, bringt mich ein Linienbus aus dem Stadtgetümmel hinaus. Autos nur noch ab und zu, stattdessen hier und da Hundegebell hinter Hecken und Mauern, die prachtvolle Bungalows nur notdürftig verstecken. Die Landschaft öffnet sich zusehends, je mehr ich auf Schusters Rappen den Apennin-Abhang hinaufschreite: durch Akazienwäldchen, Olivenhaine und blumenübersäte Wiesen. Dazwischen hochaufragende Befestigungsanlagen, die wehrhafter aussehen, als sie heute noch sein müssen.

Ich brauche nicht lange zu warten, und es ist da: das unverwechselbare Toskana-Feeling, das eine solche Landschaft bei einem nicht gerade sonnenverwöhnten Nordeuropäer auslöst. Licht, Luft und eine beflügelnde Weite, die noch heute die Illusion einer heilen Welt vermittelt. Vielleicht, so muß ich denken, ist es diese Utopie, die neben all den anderen Vorzügen dieser Landschaft so viele Touristen aus Deutschland in die Toskana zieht.

Auch bei den Bauwerken wie etwa dem schiefen Turm von Pisa (oben) ist die Toskana ein einzigartiges Sammelsurium an Stilen.

An einem besonders schönen Ort beschließe ich, im hochgewachsenen Gras eines Olivenhains zu rasten. Schafskäse, Fladenbrot, eingelegte Oliven, fleischpralle Tomaten und eine kleine Flasche Rotwein garantieren den kulinarischen Erfolg. Ich kann mich nicht erinnern, jemals eine Mahlzeit in einer solch reizvollen Umgebung genossen zu haben.

Mit der Landschaft weiten sich auch die Gedanken. Wie Tagträume tauchen Erinnerungsfetzen aus dem Gedächtnis auf und überlagern das Bewußtsein. Ganz deutlich schiebt sich plötzlich der Schiefe Turm von Pisa ins Bild, jenes außergewöhnliche Bauwerk, das seiner Schieflage seinen Weltruhm verdankt. Und daran soll sich – trotz technischer Möglichkeiten – auch in Zukunft nichts ändern.

Aber Pisa, so assoziiere ich weiter, hat ja viel mehr als nur seinen berühmten Turm. Allein an der Piazza dei Miracoli, wo er steht, gibt es noch den kunstvoll verzierten Dom, das Baptisterium und den Friedhof mit seinen beeindruckenden alten Fresken. Todesdarstellungen inmitten formvollendeter Pracht. Ich erinnere mich noch genau an das Frösteln, das diese Gemälde in mir auslösten.

Oder aber – die Gedanken sind frei – die herrliche Altstadt von Siena, die um den muschelförmig angelegten Marktplatz herum gebaut ist. Hier, wo alljährlich das farbenfrohe Pferderennen stattfindet, das Tausende von Besuchern anlockt. Ich bedaure es sehr, noch nie dabeigewesen zu sein. Doch, wie es heißt, sollte sich jeder einen Wunschtraum offenhalten. Für mich ist das einer!

Die Sonne hat sich inzwischen schon bedenklich dem Horizont auf der westlichen Seite des Arno-Tales genähert. Zeit, aufzubrechen und das Ziel noch rechtzeitig zu erreichen. Der Wanderweg steigt weiterhin leicht an, und die inzwischen gesunkene Tagestemperatur beflügelt die Schritte. Plötzlich eine Schneise in einem Akazienwäldchen: Sie gibt den Blick frei auf „das" Bauwerk, das alles überragt: den riesigen Dom in der Altstadt von Florenz, der mit seiner gewaltigen Kuppel alles andere in den Schatten stellt. Selbst aus der Ferne lassen sich die wahren Größenverhältnisse noch erahnen.

Mit wandernder Sonne verstärkt sich auch der Gegenlicht-Effekt, der das architektonische Meisterwerk wie einen überproportionalen Scherenschnitt aussehen läßt. Ein beeindruckender Anblick, bei dem sich die Natur ringsumher und die kunstvoll ausgestaltete Kultur zu einer Einheit zu verbinden scheinen. Es fällt mir nicht leicht, mich davon loszureißen.

Das Ziel ist erreicht. Fiesole, eine Sommerfrische für alle, denen es unten im Tal zu drückend erscheint. Vom antiken Römischen Theater aus schweift der Blick auf der anderen Seite über eine liebliche Hochebene. Wer hier nicht weiterwandern will, kann für eine Zeitlang mit den Augen spazierengehen. Und das tue ich, bevor ich kurz vor Sonnenuntergang im Linienbus nach Florenz zurückfahre.

Florenz, das Mekka aller Italien-Fans

Wie kaum eine andere Landschaft trifft die Toskana den Nerv aller Italien-Fans. Als vielgepriesene Bilderbuch-Landschaft am Abhang des Apenningebirges kann sie aufwarten mit wohlklingenden Namen wie Pisa und Fiesole, Siena und San Gimignano. Vor allem aber Florenz, die Hauptstadt der Toskana. Ein Mekka der Künste und der Kultur, wo sich im Schatten der gewaltigen Domkuppel die Medici-Herrscher ihre architektonischen Denkmäler setzten. Allabendlich zieht es mich dort an den Fluß. Genauer: auf den Ponte Vecchio, auf dem es niemals langweilig wird. Zu sehen ist der Arno, auf dessen Oberfläche sich die alten Patrizierhäuser spiegeln. Deren klare Konturen kommen nur ins Rutschen, wenn ein Ruderboot, von schnellen Schlägen getrieben, den Wasserspiegel in Bewegung setzt. Dann wirkt alles wie ein versunkenes Atlantis.

Und noch ist es nicht lange her, so erfahre ich in einem Gespräch, daß der Arno nach unaufhörlichen Regenfällen über seine Ufer trat und die gesamte Altstadt das Fürchten lehrte. Die wütenden Naturgewalten machten nicht einmal halt vor den Kunstschätzen der Uffizien, von denen einige für immer zerstört wurden. Das einschneidendste Erlebnis für die meisten Stadtbewohner nach dem Zweiten Weltkrieg. Inzwischen jedoch hat man vorgesorgt und sieht dem nächsten Hochwasser gelassen entgegen.

Zu sehen sind aber auch die irrsten Typen, die hier vorbeischlendern, kurz auf dem Brückengeländer ausruhen, diskutieren, meditieren. Jede Menge Liebespaare, die von hier aus aufbrechen, um noch vor Toreschluß die Abendstimmung in den nahen Boboli-Gärten hinter dem Palazzo Pitti zu genießen. Andere haben sich zurechtgemacht, um nach einem letzten Blick über die Arkaden und Fassaden der Uferpromenade in einem der Feinschmecker-Lokale zu verschwinden und die Genüsse der italienischen Küche zu kosten: Tortellini, Scampi, Spaghetti...

So entscheide auch ich mich mit Einbruch der Dunkelheit, mein Stammlokal nahe der Kirche Santo Spirito auf der anderen Arno-Seite aufzusuchen. Bei einem Fischgericht, und noch verzaubert vom vergangenen Tage, stoße ich an mit einem Glas Wein auf die Medici und „ihr" Florenz.

Florenz: Die Toskana-Metropole (links) strotzt nur so vor Kunst (oben).

Bann. Überhaupt ist die gesamte Innenstadt Sienas geprägt durch original erhaltene mittelalterliche Gebäude. Allzu leicht neigt man dazu, sich in einer der engen, hohen Gassen in einem Straßencafé niederzulassen und den Rest der Zeit zu verträumen.

Pferderennen in Siena

Größter Triumph in der Geschichte der Sieneser ist der Sieg über Florenz am 4. September 1260. Das größte historische Fest in Siena ist der „Palio", ein Reitturnier in historischen Gewändern auf dem eigens hergerichteten Campo, das bis ins 13. Jahrhundert zurückgeht und jedes Jahr am 2. Juli und am 16. August stattfindet. Jeder der 17 Stadtteile, im Italienischen Contrade (Singular Contrada) genannt, stellt einen Reiter für den Reitwettkampf, bei dem durch Peitschenhiebe auf das gegnerische Pferd versucht wird, den Konkurrenten von seiner Linie abzubringen. Die Eintrittspreise für die Tribünen rangieren zwischen 180 und 260 Mark. Über dieses Rennen hinaus haben die Contrade auch soziale, politische und freizeitgestaltende Funktionen.

Wir sind am 18. August in Siena, also exakt zwei Tage nach dem Palio, und spüren den großen Einfluß, den das Rennen auf den Sieneser Alltag hat. Als wir gerade an der verführerischen Verkaufstheke einer Filiale der großen Konditoreikette Nannini stehen, aus deren Hause auch die berühmte Rocksängerin Gianna und der erfolgreiche Rennfahrer Alessandro stammen, zieht der Zug der siegreichen Contrada vorüber.

Dann geht es weiter nach Montepulciano. Im Kurvenlabyrinth der Landstraße werden die gerade zu sich genommenen Nannini-Leckereien zum geschwindigkeitshemmenden Ballast. Wir sind froh, als wir im Ort am Ende des Chiana-Tals ankommen. Montepulciano hat seinen ganz eigenen Stil mit mittelalterlich-ländlichen Gebäuden und Renaissance-Palästen bis heute bewahrt und ist nicht über die Grenzen der Stadtmauer hinausgewachsen. Zum Glück haben wir eine Unterkunft vorgebucht; die langwierige Suche nach einer Schlafstätte bleibt uns erspart. Statt dessen genießen wir am späten Abend den Vino Nobile di Montepulciano im Contucci Palast an der Piazza Grande. Irgendwie müssen doch ein paar Flaschen für zu Hause in den Tourenkoffern unterzukriegen sein.

Vino gehört zu einem gebührenden Abschied

Es ist unser letzter Abend in der Toskana. Wir schlendern noch einige Schritte hinaus bis zur Stadtmauer, beobachten, wie die Abendsonne die historischen Gemäuer in ein bronzefarbenes Licht taucht. Eine Flasche des gerade gekauften edlen Weines muß hier und jetzt dran glauben. Da gibt es keine Diskussionen. Denn das gehört zu einem gebührenden Abschied von der Toskana nun mal dazu.

Allgemeines

Die Toskana umfaßt mit rund 23 000 Quadratkilometern knapp acht Prozent der Gesamtfläche Italiens. Im Norden und Osten wird sie vom toskanischen Apennin, im Süden von der Tufflandschaft Latiums und im Westen durch das tyrrhenische Meer begrenzt. Die Region unterteilt sich in die neun Provinzen Florenz, Lucca, Pistoia, Pisa, Carrara, Arezzo, Siena und Livorno mit den Inseln Elba, Capraia, Gorgona, Pianosa, Montechristo sowie Grosseto mit der Insel Giglio. Kulturelles, politisches und wirtschaftliches Zentrum ist Florenz mit über 500 000 Einwohnern.

Die Vegetation ist geprägt von Oliven- und Pinienhainen, den hochaufragenden Zypressen und natürlich den typischen Weinreben der Chianti-Region. Man trifft aber auch auf Mandel- und Feigenbaum, die Aleppokiefer, Lorbeer, Ginster und die mit würzigem Duft verwöhnende Macchia mit ihrem verworrenen Buschwerk. In der Umgebung von Volterra prägen landwirtschaftlich genutzte Flächen die Landschaft, hier wird vor allem Getreide angebaut, das der Gegend einen strahlendgelben Farbton verleiht. Im Spätsommer sind die Flächen bereits gemäht und teilweise schon gepflügt, was zusätzliche Abwechslung ins Schatten- und Farbenspiel der Hügellandschaft bringt.

Die toskanische Bevölkerung gilt im allgemeinen als stolz, aber keineswegs unnahbar. Große Hilfe bei der Kontaktaufnahme können entsprechende Italienisch-Kenntnisse leisten. Dabei sollte ein gewisses Basiswissen für alltägliche Konversation vorhanden sein. Denn im Gegensatz zu ihren Landesgenossen an der Adria sprechen nicht viele Toskaner Deutsch. In den touristischen Ballungszentren muß man sich wie anderswo mit der manchmal schon arroganten Art des Personals abfinden. Fährt man allerdings weiter hinaus in ländliche Regionen, erfährt man die typische toskanische Gastfreundschaft, bei der Lebenslust und Gelassenheit gut rüberkommen.

Die Kulturlandschaft Toskana ist nachhaltig geprägt durch Etrusker und Römer. Die Etrusker, ein eher friedfertiges Volk, drangen etwa 1000 v. Chr. hier ein, verschmolzen mit der älteren Villanova-Kultur oder wurden von den Römern unterworfen. Die Römer nannten die Etrusker Etrusci oder Tusci, woraus sich auch der Name der Region, Toscana (Toskana) ableitet. Die Dominanz der Etrusker in der Toskana geht zurück auf deren Geschicke bei der Gewinnung und Bearbeitung von Eisen. Sie führten den Erzabbau ein und machten die Insel Elba zum Zentrum dieses Wirtschaftszweigs. Ein ernstzunehmender Feind für die Etrusker waren und blieben aber die Römer, die ihr Reich immer weiter gen Norden ausdehnten. 303 v. Chr. kam es zur entscheidenden Schlacht, aus der die Römer als Sieger hervorgingen. Das veränderte das Gesicht der Toskana nachhaltig. Straßenzüge und Gebäude wurden dem römischen Stil unterworfen, wirtschaftlicher Aufschwung und militärische Macht gefestigt. Ein bekanntes Überbleibsel aus dieser Zeit ist die Via Aurelia, die entlang der Tyrrhenischen Küste von Rom bis nach Genua verlief und heute noch in entsprechend überarbeiteter Form besteht.

Wichtigster Abschnitt nach der ständig wechselnden Herrschaft von Ostgoten, Byzantinern, Langobarden, Franken und dem Hause Canossa war ab dem 11. Jahrhundert die Entstehung der Stadtstaaten. Zunächst war es Pisa, später Florenz, die ihre Macht weit über die Stadtgrenzen hinaus ausdehnten. 1434 begann die Herrschaft der Medici in Florenz, eines Geschlechts von Kaufleuten, Bankiers und Kunstförderern. Nach dem Niedergang Pisas im 13. Jahrhundert und dem Sienas im 14. Jahrhundert wurde Florenz politisch und kulturell zum uneingeschränkten Zentrum der Toskana. Unter der Macht der Medici wuchs Florenz zu einer Stadt imposanter architektonischer Schönheit heran. 1569 wurde die gesamte Toskana zum Großherzogtum unter Cosimo I. (Medici). 1737 starb das Geschlecht jedoch aus, von nun an übernahmen die Lothringer Macht und Staatsgeschäfte bis 1859 – von kurzen Unterbechungen während der napoleonischen Zeit abgesehen. 1849 wurde die Republik ausgerufen, 1860 schloß man sich Sardinien an, ehe 1861 das Königreich Italien gegründet wurde. Nach Ende des Zweiten Weltkriegs rief man schließlich 1946 die Republik Italien aus, doch es dauerte noch bis 1970, ehe die Region Toskana neben den schon seit 1948 bestehenden Regionen etabliert wurde.

Zu den Haupt-Einnahmequellen der Toskana zählen heute neben dem Tourismus die Agrarwirtschaft, Fischfang, Eisenverarbeitung, Schiffsbau, Glasindustrie, rohölverarbeitende Industrie, chemische Industrie, etc. Bekannt ist die Toskana ferner für ihren guten Chianti-Wein, den Marmor aus Carrara, den Alabaster aus Volterra sowie die Energiegewinnung durch Erdwärme bei Larderello.

Die hohe Zahl der Arbeitslosen und die daraus resultierende Landflucht sowie die Überalterung der ländlichen Gemeinden hat auch hier ihre Spuren hinterlassen. Die politische Umorientierung Italiens 1994 nach rechts erwies sich als Fehlgriff, Staatsoberhaupt Silvio Berlusconi wurde nach einer relativ kurzen Amtsperiode gestürzt. Die Wirtschaft ist allmählich aber wieder stabil. Große wirtschaftliche Hoffnungen gelten in der Toskana nach wie vor dem Tourismus.

Italienische Fremdenverkehrsämter (ENIT):

Berliner Allee 26, 40212 Düsseldorf, Tel.: 0211/132232, Fax: 134094.

Kaiserstraße 65, 60329 Frankfurt, Tel.: 069/237430, Fax: 232894.

Goethestraße 20, 80336 München, Tel.: 089/530369, Fax: 534527.

KLIMA UND REISEZEIT

Von März bis Oktober finden Motorradfahrer in der Toskana geeignete Temperaturen und eine beeindruckende Vegetation vor, die die Hügellandschaft zum Erlebnis machen. Allerdings muß man bei der Anreise aus dem hohen Norden über die Alpen selbst bis in den April hinein oder schon Ende Oktober mit Eis und Schnee rechnen. Auf der anderen Seite sind gerade diese Monate in der Toskana wegen der relativ geringen Besucherzahlen die ideale Reisezeit. Ab etwa Anfang August sollte man die Küstenregion mit ihren typischen Badeorten meiden, zu dieser Zeit schließen viele große Fabriken wegen Betriebsurlaub. Aufgrund des großen Reiseaufkommens ist die Infrastruktur dann vielerorts hoffnungslos überlastet. Auch die Fährschiffe nach Elba sowie die Unterkünfte auf der Insel sind bis in den letzten Winkel belegt.

ATTRAKTIONEN

Empfehlenswerte Anlaufpunkte sind natürlich die Zentren Florenz, Pisa und Siena – allein wegen ihrer architektonischen und kulturhistorischen Reize. Aber auch kleinere Orte wie Massa Marittima, San Gimignano, Montepulciano oder Volterra sind eine Reise wert, vor allem wegen des weniger großen touristischen Andrangs. Sie symbolisieren quasi die typische Toskana und haben wenig von ihrem ursprünglichen Ortsbild eingebüßt.

ESSEN

Vor allem in den touristischen Ballungszentren grenzen die Preise fast schon an Wucher. Löbliche Ausnahmen sind die ländlichen Gebiete, wo ein üppiges Essen inklusive Getränken oft schon für 20 Mark zu haben ist. Zum Preis auf der Speisekarte muß man jeweils die Kosten für Bedienung (servizio, 12 bis 15 Prozent der Endsumme) und Gedeck (coperto, rund zwei Mark) hinzurechnen. Die Preise für Camping und Essen liegen auf der Insel Elba deutlich niedriger. Die toskanische Küche ist leicht bekömmlich, geringer Fettanteil der Speisen und viel Gemüse sind die Gründe. Fleisch wird häufig auf dem Holzkohlegrill gebraten, mariniertes Fleisch und/oder Braten sowie Gemüse aus der Pfanne wird mit erstklassigem Olivenöl zubereitet. Wie alle anderen Italiener begnügen sich auch die Toskaner nicht mit nur einem Gericht. Diverse Vorspeisen stehen am Anfang der Eßzeremonie, dann folgt der erste Gang (primo piatto) mit Suppe (minestrone) oder Pasta (Nudelgerichte). Der Hauptgang (secondo) umfaßt Fleisch (carne) oder Fisch (pesce), die Beilagen (contorni) müssen separat bestellt werden. Zum Abschluß gibt's dann noch eine Nachspeise (postre), die Süßes (dolci), Obst (frutta) oder Käse (formaggio) umfaßt.

NIGHTLIFE

Vor allem in den größeren Städten der Toskana wie Florenz, Siena und Pisa finden sich zahlreiche Möglichkeiten, die Nacht abwechslungsreich zu gestalten. Hier herrscht kein Mangel an Discotheken, Bars und Straßenkneipen. In den ländlicheren Regionen hingegen ziehen es die Leute vor, gemütlich in einem Ristorante zu speisen oder von einem Straßencafé oder einer Bar aus das Treiben auf der Straße zu beobachten. Die Strandregion der Toskana ist vor allem im italienischen Ferienmonat August überlaufen. Doch selbst in kleineren Orten finden sich aus diesem Grund auch zahlreiche Gelegenheiten, für nächtliche Kurzweil zu sorgen. Hier trifft man dann vielfach auf Zeltdiscos und Jahrmärkte.

GELD

Die Lebenshaltungskosten sind in den letzten Jahren rapide gestiegen. Das trifft vor allem die einheimische Bevölkerung in den ländlichen Regionen, aber auch der Urlauber bekommt dies zu spüren. Hinzu kommt, daß der Lira-Kurs sich gegenüber früher auf relativ hohem Niveau gegenüber der D-Mark eingependelt hat. Dennoch ist die Toskana in jedem Fall eine Reise wert; der derzeitige Wechselkurs liegt bei 1,02 Mark für 1000 Lire (Stand Sommer 1998).

HOTELS

Hotel Pendini, Via Strozzi, 2, I-50123 Florenz, Tel.: +39 (55) 211170, Fax: 281807.
40 Einzel-/Doppelzimmer
Restaurant
abgeschlossene Garagen
Doppelzimmer ab 150 Mark
Einzelzimmer ab 90 Mark

Hotel Porta Rossa, Via Porta Rossa, 19, I-50100 Florenz, Tel.: +39 (55) 287551, Fax: 282279.
85 Einzel-/Doppelzimmer
Doppelzimmer ab 280 Mark

Hotel Annalena, Via Romana, 34, I-50100 Florenz, Tel.: +39 (55) 222402, Fax: 222403.
20 Einzel-/Doppelzimmer
Restaurant
Stellplatz
abgeschlossene Garagen
Doppelzimmer ab 230 Mark
Einzelzimmer ab 160 Mark

California Park Hotel, Via Aurelia, I-56010 Pisa, Tel.: +39 (50) 890726, Fax: 890727.
74 Einzel-/Doppelzimmer
Restaurant
Stellplatz
Doppelzimmer ab 95 Mark
Einzelzimmer ab 75 Mark

Il Girifalco, Via Massetana Sud, 25, I-58024 Massa Marittima, Tel.: +39 (566) 902177, Fax: 902177.
50 Doppelzimmer
Restaurant
Stellplatz
Doppelzimmer ab 65 Mark

Residence Hotel San Giovanni/ Elba (Apt. mit Küche), I-57037 Portoferraio, Tel.: +39 (565) 917691, Fax: 930876.
47 Apartments
Restaurant (nur im Winter)
Stellplatz
ab 750 Mark/Woche

Palazzo Ravizza, Pian die Mentellini, 34, I-53100 Siena, Tel.: +39 (577) 280462, Fax: 221597.
38 Einzel-/Doppelzimmer
Restaurant
Stellplatz
Doppelzimmer ab 180 Mark
Einzelzimmer ab 140 Mark

Hotel Moderno, Via Baldassarre Peruzzi, 19, I-53100 Siena, Tel.: +39 (577) 288453, Fax: 270596.
63 Einzel-/Doppelzimmer
Restaurant
Stellplatz
abgeschlossene Garagen
Doppelzimmer ab 162 Mark
Einzelzimmer ab 103 Mark

Hotel Lea, Viale XXIV Maggio, 10, I-53100 Siena, Tel. + Fax: +39 (577) 283207.
12 Einzel-/Doppelzimmer
Doppelzimmer ab 120 Mark
Einzelzimmer ab 70 Mark

Hotel La Cisterna, Piazza La Cisterna, I-53137 San Gimignano, Tel.: +39 (577) 940328, Fax: 942080.
50 Einzel-/Doppelzimmer
Restaurant
Doppelzimmer ab 146 Mark
Einzelzimmer ab 113 Mark

Hotel Villa Nencini, Borgo S. Stefano, 55, I-56048 Volterra, Tel.: +39 (588) 86386, Fax: 80601.
13 Einzel-/Doppelzimmer
Restaurant
abgeschlossene Garagen
Doppelzimmer ab 140 Mark
Einzelzimmer ab 110 Mark

Hotel Lino (ehemaliges Kloster), Via S. Lino, 40, I-56048 Volterra, Tel.: +39 (588) 85250, Fax: 80620.
44 Einzel-/Doppelzimmer
Restaurant
abgeschlossene Garagen
Doppelzimmer ab 140 Mark
Einzelzimmer ab 90 Mark

Hotel Marzocco, Piazza Savonarola, 18, I-53045 Montepulciano, Tel.: +39 (578) 757262, Fax: 757530.
2 Einzel-/14 Doppelzimmer
Restaurant
Stellplatz
abgeschlossene Garagen
Doppelzimmer ab 134 Mark
Einzelzimmer ab 90 Mark

M. Pratomagno
1592
Val d'Arno
S. Giovanni Valdarno
SS69
Lèvane
Capànnole
Monte S. Savino
Monti del Chianti
M. Calvo
838
Castelnuovo Berardenga
Rapolano Terme
SS326
Asciano
San Giovanni d' Asso
Montepulciano
Pienza
S. Quirico d'Orcia
Buonconvento
SS2
Monteroni d'Arbia
Siena
Greve
Gaiole in Chianti
Poggibonsi
Colle di Val d'Elsa
San Gimignano
Certaldo
SS429
Elsa
Castel S. Gimignano
Rosia
SS223
Civitella Marittima
Monticiano
Roccastrada
Gabellino
Massa Marrittima
Massa Marrittima
Colline Metallifere
Castelnuovo di V. die Cécina
Montecerboli
Pomarance
Valterra
SS68
Saline di Volterra
Cécina
Sterza
0
6km
N
Casciana Terme
M. Vitalba
674
Bibbona
Bocca di Valle
Sassetta
Suvereto
Follònica
SS1
SS1
Cécina
A206
Rosignano Marittimo
Populònia
Piombino

Kuren und Touren

Erholungssuchende kommen in Venetien voll und ganz auf ihre Kosten.

Von Stephan Fennel

Das erstemal mit dem Motorrad nach Venetien und du denkst, du bist im falschen Film. Was machst du hier eigentlich – mitten in der elend flachen Po-Ebene? Doch dann beginnt diese unter Bikern nicht gerade geschätzte Region mit ihren Attraktionen und ihrer Lebensart auf sich aufmerksam zu machen, und du denkst, Mensch, das hat ja was!

Hat es auch. Zunächst einmal ist Venetien gar nicht so flach, wie landläufig befürchtet. Und die Anreise über Trentino/Südtirol ist ja auch nicht ohne. Südöstlich von Trento durchzie-

SHOEI

Beliebtes Verkehrsmittel in der Lagunenstadt Venedig: die Gondel.

hen eine Vielzahl kleiner, kurvenreicher Paßstraßen die letzten, bereits zu Venetien gehörenden Ausläufer der Alpen. Da schwingen sich die Gipfel noch auf deutlich über 2000 Meter; die zugehörigen Pässe nehmen locker die 1000-Meter-Marke. Tief eingeschnittene Täler liegen malerisch zwischen den Gipfelketten, und schließlich erhebt sich der Monte Grappa 1775 Meter in den Himmel. Ab hier wird der Name Programm.

Einen Grappa zum Dessert

Der Tag ist schon gerettet, wenn Du in Bassano del Grappa, der größten Kleinstadt der Provinz Vicenza, den ersten der gleichnamigen Tresterbrände verkostet hast. Gleich an der historischen Holzbrücke über den Brenta wird in der Grapperia Nardini schon seit dem 18. Jahrhundert das leckere Elixier Genießern präsentiert. Und praktisch um die Ecke wartet schon die Distilleria Poli. Hier gibt es neben dem köstlichen Schnaps gleich auch historische Infos dazu. Das Museo della Grappa jedenfalls ist einen Besuch wert.

Und so soll es weitergehen in Venetien: Leckereien ohne Ende, köstliche Speisen, wundervolle Weine, reichlich Geschichte, Bauwerke von geradezu unglaublichem Reiz, dazu ein kulturelles Festmahl nach dem nächsten – Reiseherz, was willst Du mehr. Da läßt es sich verschmerzen, daß nur wenige Straßen auch noch das Bikerherz erfreuen können – zumal der Verkehr je nach Jahreszeit auch durch diese Rechnung einen Strich machen kann.

Also dann, erstmal nach Venedig (siehe auch Kasten auf S. 82). Das Motorrad muß, wie die Autos auch, aus dem eigentlichen Kern der Lagunenstadt herausbleiben. Das ist aber nicht weiter schlimm, denn die Attraktionen, die es unbedingt abzuklappern gilt, sind am besten mit einer Gondel zu erreichen. Nicht umsonst ist das wackelige Wassertaxi mit dem heute nicht mehr ganz so häufig singenden Gondoliere nach wie vor das beste Transportmittel in dieser Stadt.

ANREISE

Venetien ist am einfachsten und schnellsten via München zu erreichen. Über Innsbruck und die Brennerautobahn geht es schon mal bis Verona. Ostwärts führt dann die A4 nach Soave, Padua und schließlich ins kulturelle Zentrum der Region, nach Venedig an der Laguna Veneta.
Wer Maut sparen möchte, kann zunächst die empfehlenswerte alte Brennerstraße nehmen. Dann führt ab Trento die SS 47 durch das Sugano-Tal bis Padua.
Noch schöner ist der Weg über Rovereto. Hier geht es den immerhin 1159 Meter hohen Passo di Fugazze hinauf und wieder hinab bis Vicenza. Ab hier führt die SS 11 zunächst nach Padua und dann nach Venedig.

Bei einer ersten Tour sei das Augenmerk auf die teilweise wunderschönen Brücken gelegt. Seufzer- und Rialto-Brücke haben die wohl bekanntesten Namen. Das soll aber nicht heißen, daß es auch die schönsten sind. Es bleibt jedem selbst überlassen, aus der Vielzahl der Stile, in denen die Kanalquerungen über die Jahrhunderte errichtet wurden, seinen persönlichen Favoriten zu wählen.

Dann sollte es unbedingt zu den Plätzen gehen, die zwar nach wie vor unter Tauben- wie Touristenplage leiden, aber nicht ohne Grund von so massiver Anziehungskraft sind. Die um sie herum gruppierte Architektur weiß dabei ebenso einzunehmen wie das bunte Treiben auf und neben diesen geschäftigen Lokalitäten.

Am Abend folgt ein tiefer Einblick ins kulturelle Leben der Pfahlmetropole. Auch außerhalb der wilden Zeiten des hochromantischen Karnevals ist Trubel genug anzutreffen. Selbst die Moderne hat vor den historischen Fassaden nicht Halt gemacht. Discotheken, Clubs und Bars haben hier längst Einzug gehalten und bescheren der Hauptstadt der Region und Einheimischen wie Besuchern ein vielfältiges Nachtleben, das keine Langeweile aufkommen läßt.

Man kommt nicht weit, ohne auf Attraktionen zu stoßen

Tage, wenn nicht Wochen, ließen sich hier verbringen, wäre der eigentliche Sinn und Zweck der Reise nicht das Motorradeln. Doch in einer historisch so bedeutsamen Region wie Venetien kommt man nicht weit, ohne auf die nächsten Attraktionen, quasi am Straßenrand, zu stoßen. In diesem Fall ist es Padua, das mit einer Geschichte lockt, die schon lange vor der Blütezeit der Römer mit einer

Über reichlich Brücken mußt du gehen: Die prächtigen Bauwerke gehören unabdingbar zum Stadtbild Venedigs.

bedeutsamen Siedlung der Veneter begann.

Allerdings ist es schwierig, die frühgeschichtlichen Überreste der Stadt in Augenschein zu nehmen. Die Langobarden hatten 601 beschlossen, den Ort abzufackeln und seine Einwohner entweder abzuschlachten oder in die Lagunen zu treiben. Und sie taten dies mit aller Gründlichkeit.

Berühmt für ihre medizinische Forschung

Dafür ist das Mittelalter in Padua präsent wie sonst kaum irgendwo in Italien. Bereits 1222 wurde die Universität gegründet, deren durchschnittlich 70 000 Studenten noch heute dafür sorgen, daß Padua eine sehr lebendige Metropole, immerhin die zweitgrößte Venetiens, ist. Berühmt wurde die Lehranstalt, an der auch Galileo Galilei gegen Ende des 16. Jahrhunderts unterrichtete, vor allem wegen der an ihr betriebenen medizinischen Forschung. Noch heute ist das Anatomietheater zu besichtigen, in dem ebenfalls schon im 16. Jahrhundert gegen den Willen der Kirche Leichen seziert und damit die Grundlagen für unsere moderne Anatomie gelegt wurden.

Rund um die prächtigen Piazzas des Zentrums reihen sich grandiose Palazzos, deren Fresken zu den schönsten und besterhaltenen mittelalterlichen Kunstwerken gehören. Einsamer Spitzenreiter der Freskenmalerei ist aber die Cappella degli Scrovegni, auch „Arenakapelle" genannt. Ihr Bauherr, der Bankier Enrico Scrovegni, holte um 1305 keinen anderen als den berühmten Maler Giotto aus seiner toskanischen Heimat Florenz nach Padua. Der revanchierte sich mit seinen wohl eindrucksvollsten Werken, die er je an Decken und Wänden eines Bauwerks hinterließ.

Wer gerne Einblick in den Lebensstil der Reichen gewinnt, sollte einen Schiffsausflug auf dem Brenta-Kanal unternehmen. Die Tour, die bis Venedig führt, hält an einigen der prächtigsten Villen, die über die Jahrhunderte an diesem einst bedeutenden Wasserweg entstanden sind, darunter auch die Villa Pisani, das prächtige Schloß der Dogen.

Auf zwei Rädern geht es aus Padua heraus und Richtung Süden – nur wieder nicht allzu weit. Unvermutet erheben sich hunderte Bergkegel vulkanischen Ursprungs aus der Po-Ebene – die Euganeischen Hügel (Colli Euganei). Sie machen die Region, durchzogen von einer Vielzahl kleiner und kleinster Straßen, zu einem echten Schmankerl.

Heilbäder und Wein

Berühmt ist die Gegend aber für zwei völlig andere Dinge, die sich prächtig mit dem Motorradeln verbinden lassen: Heilbäder und Wein. Du nistest dich einfach in einem der unzähligen Kurhotels in Ortschaften wie etwa Abano Terme ein. Noch vor dem Frühstück eine Schlammpackung, ein Saunagang oder eine Runde im Thermalbecken. Dann ein Ausflug per Bike in die umliegende Hügellandschaft mit einem Besuch in einem der vielen Klöster oder einem Weingut. Statt Weinprobe lieber Blindkauf, die Verkostung folgt am Nachmittag auf dem Zimmer. Anschließend faulenzen am Pool, die müden Motorradler-Knochen massieren lassen und sich seelisch wie körperlich aufs allabendliche Menü der Spitzenklasse vorbereiten. So läßt es sich schon eine Woche aushalten.

Doch selbst bei kürzerem Aufenthalt lohnt es sich, in einem der Kurhotels abzusteigen. Schließlich gibt es hier neben der eigentlichen Unterkunft eine Menge an Zusatzleistungen zu genießen sowie reichlich kulinarische Entdeckungen zu machen. Nach Rückkehr in heimische Gefilde kann es allerdings sein, daß Du Erholung von der Kur brauchst.

Therapiezentrum Abano

Verdanken kannst Du die heilsamen Tage dem Umstand, daß Regenwasser in den Alpen im Boden versickert und hier, 25 Jahre später und 100 Kilometer südlich, mit allerlei Mineralien angereichert und auf rund 80 Grad Celsius erhitzt, wieder an die Oberfläche kommt. So entstand in Abano das mit Abstand größte Therapiezentrum Europas für Fango-Behandlungen. Über 100 Hotels, alle mit eigener Quelle, verfügen über die notwendigen Einrichtungen zur Linderung von Rheuma und Arthrose – auch Motorradlern nicht ganz unbekannt. Kombiniert mit Schlemmerland auf jeden Fall einen Versuch wert.

Kunst und Kurvenorgien

Eine angenehme Rundtour ist es, von Abano Terme die Nachbar-Kurortschaften auszubaldowern: Montegrotto, Galzignano, Battaglia, alle versehen mit dem Zusatz „Terme". Eine wahre Kurvenorgie führt dann nach Arqua Petrarca, einst Heimat des berühmten Dichters Francesco Petrarca, der im 14. Jahrhundert hier lebte. Immer wieder führen kleine Nebenstraßen in Versuchung, den Gashahn aufzudrehen und dem Auf und Ab des Pfades in aller Eile zu folgen.

Mindestens ein Auge solltest Du allerdings auch immer für die Schönheiten von Natur und Kultur übrig haben. In Monselice etwa ist ein Besuch des Kastells angeraten. In seinen Mauern befindet sich eine umfangreiche Sammlung von Mobiliar aus Mittelalter und Renaissance, die einen tiefen Einblick ins alltägliche Leben zu jenen Zeiten gewährt.

Der nächste Halt ist im Zentrum des Weinanbaus, in Vo, einzuplanen. Einen guten Überblick über das Angebot der euganeischen Winzer bietet die Cooperativa dei Colli Euganei. Außerdem steht in Vo auch die Villa Sceriman Soranzo. In diesem sehenswerten Anwesen ist eine der bekanntesten Winzereien der Gegend untergebracht.

Es sind vor allem die roten Sorten Cabernet Sauvignon und Merlot, die auf dem vulkanischen Boden der Colli Euganei prächtig gedeihen. Zu einigen der besten Tropfen gelangst Du allerdings nur nach einer umfangreichen Schnitzeljagd kreuz und quer über die Höhenzüge der Colli. So abgelegen, wie sich mancher Winzer hier präsentiert, verwundert es, daß sie überhaupt etwas von ihren köstlichen Rebensäften an den Mann/die Frau bringen. Was soll's, die Probe am Abend macht alle Anstrengungen bei der Beschaffung wett.

Gut erholt kannst Du dich dann ganz nach Belieben aufmachen, den Rest des Veneto unter die Räder zu nehmen. In Este lockt das mittelalterliche Kastell zu einem Rundgang, dem gleich anschließend noch ein Abstecher in den vorgelagerten Stadtgarten folgen sollte. Der Ort hatte einst Bedeutung: Vor drei Jahrtausenden war es das wichtigste Zentrum der Veneter. Eine Flutkatastrophe schnitt die Flußhafenstadt dann von ihrem Fluß ab. Das war das Ende der tollen Tage. Andere Städte traten nun an Estes Stelle.

Über Montagnana, wo eine der besterhaltenen Stadtmauern seit Jahrhunderten das Zentrum vor Feind und Leid schützt, geht es hinab ins Val

Trutzburg: Das Castello von Este mit seinen zinnenbewehrten Mauern und Türmen überblickt den wunderbaren Stadtgarten.

Stinkende Kanäle, aufdringliche Papagalli und kleckernde Tauben sind die eine Seite. Bewunderung bis hin zur Schwärmerei ist die andere: über Land und Leute im allgemeinen und über Licht und Sonne im besonderen. Gemeint ist Italien, wo es jeden einmal hinzieht, der vom Drang in den Süden gepackt wird. Seit Goethe!

Venedig ist für viele die Traumstadt Nummer eins. Als „Königin der Adria" nicht nur die schönste Stadt Italiens, sondern ganz Europas. Inbegriff von Romantik und Nostalgie, wie geschaffen für Hochzeitsreisende aus aller Welt.

Ein guter Einstieg für alle Italien-Reisende mit oder ohne Anhang. Denn schnell wird man hier überwältigt von der Italien-Faszination, die während der kostbarsten Wochen des Jahres bis Rom anhält.

TRAUMSTADT VENEDIG

Die schönste Sicht indes verspricht eine Fahrt mit der Gondel hinaus auf den Canale Grande, der „schönsten Straße der Welt". Von hier aus erweist sich die Stadt voller Lichtwunder und Spiegelungen. Prächtig und zugleich voll von morbider Ausstrahlung. Die Rialto-Brücke bedeutet das Ende der Gondelfahrt. Schon während ich die Stufen hinaufsteige, habe ich den Wunsch, eine Münze von oben ins Wasser hinabzuwerfen. Ich bin mir zwar nicht sicher, ob es klappt, aber irgendeine Möglichkeit muß es doch geben, wieder in diese außergewöhnliche Stadt zurückzukommen.

Das Fest der Masken

Die „Königin der Adria" zeigt sich in den Wintermonaten zumeist spröde. Doch selbst wenn ihre Accessoires vor allem aus Hochwasser, Schneegestöber oder dichten Nebelschleiern bestehen, ist sie von unwiderstehlichem Charme. Wieviel mehr noch muß sie beeindrucken, wenn sie sich als Gastgeberin des Karnevals herausputzt mit einem bunten Maskentreiben, in dem Phantasie und Kreativität sich gegenseitig übertreffen!

Verborgen hinter Masken

Zum Beispiel am Abend: Dunkle Gestalten huschen vorüber; stumm und zielstrebig. Die Gesichter verborgen hinter den ausgefallensten Masken. Ein frischer Wind weht von der Lagune herüber und verteilt sich in den Gäßchen und Kanälen. Auf den Brücken erfaßt er die wallenden Gewänder. Er bläht sie auf wie Segel und scheint sie vor sich herzutreiben auf ein gemeinsames Ziel hin.

Auf dem Markusplatz strömen sie zusammen. Dem größten Theaterplatz der Welt, umgeben von unendlich langen Säulenreihen und gekrönt von der prächtigen Fassade der Markusbasilika. Hier ist die Zeit in Stein geronnen. Eine gigantische Bühne für den „Carnevale di Venezia", der nun mit unzähligen Figuren die Arkaden füllt. In einer

Venedig am Abend: Das letzte Licht der Sonne verzaubert die Fassaden (links). Jetzt ist die Zeit der Masken gekommen (oben).

Mischung von Ausgelassenheit und feierlicher Würde geht es hier zu. Man weiß sich in großer Tradition, hier an dem ehemals so einflußreichen Mittelpunkt irdischer Macht zwischen Orient und Okzident.

Bereits im alten Venedig stand mit dem Anbruch des Karnevals die Welt völlig kopf. Denn wie anders, als durch Maskerade und Verkleidung, konnten für kurze Zeit die strengen Standesunterschiede aufgehoben werden! Wo keine Schranke mehr galt und keine Autorität dem karnevalistischen Treiben mehr Einhalt gebieten konnte oder wollte, dann war es sogar Mönchen, Priestern und Nonnen möglich, sich im Schutze einer Larve ausgelassen unter das festfreudige Volk zu mischen.

Am nächsten Morgen ist der Spuk wie weggeblasen. Nun haben die unzähligen Tauben wieder Besitz ergriffen vom Markusplatz, der im Morgenlicht mit seiner Schönheit noch einmal die Sinne verwirrt, als wollte er sagen: „Schaut her, ich bin das Herz der erhabensten und vornehmsten aller Stadtrepubliken!"

Krönende Kirchen-Kuppeln

Doch nun lockt das Leben am Canal Grande, der gleich hinter dem Dogenpalast aus dem engeren Stadtbereich heraustritt. Vorbei an einer Landspitze, die sich wie der Bug einer riesigen Galeere ins Wasser schiebt – gekrönt von den Kuppeln der Kirche Santa Maria della Salute, einem Prunkstück des Barock. Hier wird deutlich, wie jeder Fußbreit Boden dem Wasser abgetrotzt werden mußte, bevor diese stets bedrohte Postkartenschönheit entstehen konnte.

Neue Masken, phantasievolle und farbenprächtige Kostüme kommen heran: Zu Wasser, zu Lande und sogar in der luftigen Höhe der Arkaden des Dogenpalastes sind sie in dekorativer Pose zu entdecken. „Sehen und gesehen werden", heißt die Devise.

Phantasie triumphiert über Plastik

Konfektionsmasken sind selten, die Phantasie triumphiert über genormte Plastik. Auch die magischen Tiermasken, die heidnische Dämonen auferstehen lassen, sind von venezianischer Eleganz.

Erotische Kostüme voll Witz und Geschmack ziehen die Blicke auf sich. Die Stadt nicht nur als Bühne, so will es scheinen, sondern zugleich auch als Muse, die den einzelnen inspiriert, sich selbst zu inszenieren. Bei perfekter Kulisse und Ausleuchtung ist jeder sein eigener Regisseur, Schauspieler, Maskenbildner und Kostümschneider. Voll von Phantasie und Kreativität. Passend zur prächtigen Fassade und dem morbiden Charme, den der Zahn der Zeit davon übriggelassen hat.

Adige, das „Etschtal". Du folgst dem Fluß kurze Zeit nordwärts, verläßt ihn wieder und machst dich auf nach Soave. Welch' ein Name unter Weinfreunden!

Was früher lediglich ein schlichter Hauswein war, machte sich in den 70er Jahren daran, die Geschmacksnerven eines breiten Publikums zu erobern. Massenanbau und Übereifer setzten dem Ruf dann zeitweise zu.

Sichere Sache: In Montagnana (oben) schützt eine Stadtmauer mit 24 Türmen das historische Zentrum. Göttlichen Beistand findet man im noch immer sehr gläubigen Italien überall – so auch bei Soave (rechte Seite).

Noch heute gibt es in unseren Breiten kaum einen wirklich guten Soave zu entdecken. Vor Ort haben sich etliche der kleineren Winzer aber wieder der Qualitäten besonnen, die ihr Produkt einst so groß machten. Sie produzieren heute wieder ausgesucht guten Soave Classico, der strohgelb daherkommt, angenehmen Duft verbreitet und über ein gesundes Maß Frucht verfügt – ein Genuß.

In der mauerumfriedeten Altstadt von Soave gibt es einige ganz vorzügliche Geschäfte, in denen man ein paar Flaschen des wunderbaren Tropfens erstehen kann: die Enoteca Il Drago etwa an der Via Roma, der Hauptstraße des Zentrums.

Roter Marmor, roter Wein

Marmorland ist angesagt: Rund um Verona wird der berühmte Rosso di Verona gebrochen, ein roter Marmor, der vor allem in den klerikalen Bauwerken der Gegend reichlich Verwendung gefunden hat. Bevor es zu einem kulturellen Hochgenuß als Abschluß einer Venetientour nach Verona selbst geht, ist aber noch ein Schwenk ins nördlich gelegene Valpolicella-Gebiet einzuplanen – jedenfalls, wenn man den Genüssen dieser Reise treu bleiben möchte. Hier kann man sich mit dem roten Pendant zum Soave eindecken. Hier sind auch schon wieder die Ausläufer der Alpen zu sehen – und zu spüren, läßt sich das Valpolicella doch bestens auf zwei Rädern genießen.

Wer den Wein genießen möchte und immer noch kein Transportproblem hat, kann sich in Gargagnago eindecken. Genuß ohne Reue verspricht ein Aufenthalt in der Villa Serego Alighieri. Herr Graf bietet nicht nur blaublütiges Ambiente mit Stil für die Nacht. Ganz nebenbei gehören seine Tropfen zu den bevorzugten Sorten des Valpolicella.

Zum Abschluß wartet Verona, der Wallfahrtsort für Opernfans. Was den Wagnerianern ihr Bayreuth, ist den Anhängern italienischer Tenöre die Arena von Verona, die seit fast 2000

AVE
MARIA
PONSARA

Jahren Veranstaltungsort für Kulturspektakel aller Art ist und gut 22 000 Besuchern Platz bietet.

Die Arena markiert gleichermaßen das südliche Ende der Altstadt, die in die Schleife der Adige hineingebaut

Römerlager:
In Verona (oben und vorherige Doppelseite) gibt es reichlich historischen Nachlaß aus Römer- und anderer Zeit zu besichtigen.

wurde. Lohnenswert ist eine Fahrt auf die Torre dei Lamberti, von wo aus Du einen ungetrübten Blick über die Metropole genießen kannst.

Ein Blick auf den Stadtplan zeigt, wie gut erhalten die römische Feste noch heute ist. Das Wegenetz weist deutliche Spuren römischer Ordnung auf, allenthalben stehen antike Gemäuer zur Besichtigung bereit. Italienische „Vespen" brummen zuhauf durch das wuselige Verkehrsgewirr der Innenstadt. Im Sommer kommen zu den ohnehin vielen Besuchern noch an die 600 000 Opernfans, die sich zu den alljährlichen Festspielen einfinden.

Romeo und Giulietta

Besonders aber hat Shakespeare es den Veronesern angetan. Seine tragische Liebesgeschichte von „Romeo und Julia", die er in den Mauern der Stadt ansiedelte, führt bis heute dazu, daß verzweifelte Lover unter der Adresse „Giulietta, Verona, Italia" Rat suchen. Der wird auch gewährt: Die Stadtverwaltung hat eigens für die Beantwortung dieser Schreiben ein Büro eingerichtet. Auch sonst läßt es sich auf Romeos und Giuliettas Spuren lustwandeln. Es gibt „ihr" Haus (mit eigens angebrachtem Balkon), „sein" Haus und sogar „ihr" Grab. Die „Tomba di Giulietta" ist ein Sarkophag in einem schummerigen Gewölbe des Kapuzinerklosters San Francesco.

Gestärkt an Leib und Seele kannst Du dich nach einem Opern- oder auch sonstigen Abend der Etsch nordwärts folgend auf den Heimweg machen. In Rovereto schließt sich der Kreis. Jetzt locken schon die Dolomiten mit Kurven-Schmankerln in Richtung Heimat. Dort wird erst mal der Wein ausgepackt und in Ruhe genossen. Man gönnt sich ja sonst nix!

ALLGEMEINES

Zwischen Dolomiten und Adria findet sich die Region Venetien, die Regione Veneto, mit ihrer Hauptstadt Venedig. Der Großraum wird gebildet aus den sieben Provinzen Belluno, Padua, Rovigo, Treviso, Venezia, Verona und Vicenza – benannt nach den gleichnamigen Städten. Den größten Teil des Gebiets machen das Po-Becken und sein Mündungsdelta aus. In der Gebirgsregion im Norden bieten sich Gipfel mit bis zu 3300 Metern dem Besucher dar, über sanfte Hügel zieht sich die Landschaft nach Süden hin immer mehr in die Länge. Nach den Ebenen folgt schließlich die Küste mit ihren zahllosen Buchten und Lagunen, von denen die Laguna Veneta selbst die berühmteste ist. Städte wie Verona oder auch Venedig sind reich an Historie. Schon die Römer siedelten hier und hinterließen zahlreiche noch heute nachweisbare Spuren. Venetien hält sich für so etwas wie das kulturelle Herz Italiens, was angesichts der vielfältigen Angebote in den verschiedenen Zentren nicht ganz abwegig ist.
Die gesamte Region ist landwirtschaftlich geprägt; nur rund um die Ballungszentren Padua, Treviso und Vicenza ist eine starke Industrie ansässig.
Der Norden Italiens besitzt zahlreiche Eigenheiten, und das Mißtrauen gegenüber der zentralen Regierung in Rom ist oft groß. Wirtschaftlich ist Venetien stark. Neben dem Tourismus sind daran vor allem Landwirtschaft und der Elektronik- und Maschinenbau beteiligt. Spezialisiert auf Auskünfte über die Region Venetien ist:

Dipartimento per il Turismo, Palazzo Sceriman, Cannaregio 168, I-30100 Venezia, Italien.

Italienische Fremdenverkehrsämter (ENIT):

Berliner Allee 26, 40212 Düsseldorf, Tel.: 0211/132232, Fax: 134094.

Kaiserstraße 65, 60329 Frankfurt, Tel.: 069/237430, Fax: 232894.

Goethestraße 20, 80336 München, Tel.: 089/530369, Fax: 534527.

KLIMA UND REISEZEIT

Frühjahr und Herbst sind die klimatisch besten Reisezeiten. Im Sommer ist es besonders in den Städten heiß und schwül. Auch die Winter sind feucht und dabei ungemütlich. Eine Ausnahme macht die Küste im Winter. Die See sorgt hier für ein angenehmes Klima. Die Temperaturen liegen im Frühjahr und Herbst bei etwa 15° bis 25° Celsius.

ATTRAKTIONEN

Die Lagunenstadt Venedig, ihre Buchten und die sie verbindende Straße sind ein Muß. An der Küstenstraße finden sich viele kleine und mittelgroße Badeorte. Zwischen Venedig und dem gleichfalls sehenswerten Verona liegen Padua und das Weinbau- und Landwirtschaftsgebiet. In dieser blühenden Welt finden sich auch etliche Thermalbäder. Die meisten dieser Kurorte sind rund um das Gebiet der Euganeischen Hügel (Colli Euganei) anzutreffen. Hier gibt es denn auch eine gute touristische Infrastruktur mit zahlreichen Unterkunfts-Angeboten.
Die unzähligen historischen Bauwerke der Region aufzuzählen wäre müßig. Die Italiener feiern gern. Dazu gehören alle katholischen Festtage, der Karneval in Venedig, die historischen Umzüge, die sich beinahe jede Stadt leistet, aber selbstverständlich auch Kultur wie die Filmfestspiele in Venedig und die Opernsaison in Verona.

ESSEN

Wenn es nach den Italienern geht, ist hier die Küchenkultur erfunden worden. Zumindest hat man diese hier in den letzten 2000 Jahren um einiges vorangebracht. Nicht Pizza oder Pasta sind die vorherrschenden Gerichte, sondern Reis: Reis mit Erbsen, Reis mit Wurst, Reis mit Muscheln, schwarzer Reis mit Tintenfisch und viele Variationen mehr. Zu den ebenfalls beliebten Bohnen- und Fischsuppen wird Brot gereicht. Als Hauptgänge für gehobene Ansprüche sind besonders Geflügelgerichte mit Ente und Fasan angesagt, dazu wird die aus Mais gewonnene Polenta serviert. Knackfrische, heimische Salate und Wein, besonders süffige und dunkle Rote – Mahlzeit. Nach dem Essen gehört ein Grappa auf den Tisch, ebenfalls aus der Region.

NIGHTLIFE

Wer es klassisch liebt, hat abends in den Städten ein großes Angebot von Kino über Theater bis zu Ballett und Oper. Typisch für Italien: Nach den abendlichen Veranstaltungen nimmt man in den lange geöffneten Restaurants das oft üppige Nachtmahl ein.
In Triest, Verona und Venedig sind immer moderne Discotheken zu finden, wo man bis zum frühen Morgen tanzen kann.

GELD

Die Lebenshaltungskosten sind in den letzten Jahren rapide gestiegen. Das trifft vor allem die einheimische Bevölkerung in den ländlichen Regionen, aber auch der

Venedig: Metropole der Pracht und die Hauptstadt der Region Venetien.

Urlauber bekommt dies zu spüren. Hinzu kommt, daß der Lira-Kurs sich gegenüber früher auf relativ hohem Niveau gegenüber der D-Mark eingependelt hat. Dennoch ist die Region Venetien in jedem Fall eine Reise wert; der derzeitige Kurs liegt bei etwa 1,02 Mark für 1000 Lire (Stand Sommer 1998).

HOTELS

Majestic Toscanelli
Via dell'Arco 2, I-35122 Padua, Tel.: +39 (49) 663244, Fax: 8760025.
Gediegenes Altstadthotel mit Stil und Komfort.
32 EZ/DZ. Ab 230 000 Lire.

La Calcina
Dorsoduro 780, I-30123 Venezia, Tel.: +39 (45) 52026466, Fax: 5227045.
Klein, günstig und zentral gelegen, mit Sonnenterrasse.
27 EZ/DZ. Ab 150 000 Lire.

Due Torri Baglioni
Piazza Sant Anastasia 4, I-37121 Verona, Tel.: +39 (45) 595044, Fax: 8004130.
DAS Luxushotel der Stadt.
91 EZ/DZ. Ab 520 000 Lire.

Giardini
Via Giurolo 10, I-36100 Vicenza, Tel.: +39 (444) 326458, Fax: 326458.
Modernes kleines Haus.
17 EZ/DZ. Ab 150 000 Lire.

Leonardo da Vinci
Via Monteortone 46, I-35031 Abano Terme – Teolo, Tel.: +39 (49) 9935070, Fax: 9935232.
Golf- und Kurhotel der gehobenen Klasse an den Colli Euganei.
99 EZ/DZ, überdachter Parkplatz und Garagen. Ab 133 000 Lire.

Golf von Venedig
0
10km
N
TRIENT
VERONA
VICENZA
PADOVA
TREVISO
VENEZIA
MANTOVA
Dignano
Talmassons
Latisana
Aviano
Pordenone
S. Vito
Portogruaro
Cáorle
San Donà di Piave
Jésolo
Lido di Jésolo
Livenza
Piave
Belluno
Vittorio Veneto
Oderzo
Burano
Murano
Mestre
Malamocco
Pellestrina
Chioggia
Rosolina
Donada
Po Grande
Mel
Follina
Susegana
Montebelluna
Noale
Dolo
Cornuda
Castelfranco Veneto
Camposampiero
Piove
Candiara
Caverzere
Adria
Cesiomaggiore
Feltre
Lago del Corlo
Cismon del Grappa
M. Grappa 1776
Asolo
Bassano del Grappa
Cittadella
Mestrino
Abano Terme
Colli Euganei
Aqua Petraraca
Monselice
Este
Rovigo
Polesella
Borgo Valsugana
Asiago
Thiene
Barbarano
Montecchio Maggiore
Lonigo
Noventa V.
Montagnana
Legnago
Badia Polésine
Lendinara
Castelmassa
Gronlait 2361
Levico
Caldonazzo
Lago di Caldonazzo
Casotto
Arsiero
Schio
Valdagno
Vestenanuova
Giazza
M. Pasubio 2236
Mattarello
Besenello
Rovereto
Cima Carega 2259
Bosco Chiesanuova
Grezzana
Soave
Oppeano
Nogara
Ostiglia
Etsch
Lago di Molveno
Sarche
Arco
Torbole
Riva
Ala
Valpolicella
Brentino
Pescantina
Malcesine
Cima Valdritta 2218
Caprino Veronese
Tione
Altissimo 2127
Limone sul Garda
Gardasee
Garda
Lazise
Castelnuovo
Valéggio
Villafranca di Verona
Castelbelforte
Goito
Pegognaga
A 4
A 13
A 22
A 27
A 28
A 31
A 434
SS 12
SS 13
SS 10
SS 45
SS 47
SS 50
SS 53
SS 62
SS 284
SS 307
SS 309
SS 384
SS 482

Meer davon

Italiens Küste ist ebenso lang wie vielfältig. Einer der schönsten Abschnitte liegt ganz tief im Süden – am Gargano, dem Stiefelsporn.

Von Norbert Misch-Kunert

Wenn man spät abends, nach 1200 Motorrad-Kilometern auf der Autobahn, an verschlossenen Türen rüttelt, kann es einem ganz schön die Ernte verhageln. Da stehen wir nun, völlig erschlagen von der langen Fahrt und nur von der Fata Morgana eines Spaghettibergs am Leben erhalten, vor dem stockfinsteren Portal des Campingplatzes. Es ist totenstill. Nur ganz schwach hören wir in der Ferne das Rauschen des Meeres und das Trinklied ein paar durstiger Mücken. Was zum Teufel ist hier los? Wir waren doch angemeldet! Plötzlich rumpelt ein altersschwacher Fiat ums Eck, hält mit quietschenden Bremsen. Die Tür fliegt auf, und eine dunkle Gestalt verschwindet mit langen Sätzen in der Finsternis. Kurz darauf macht es „Fummpp", und der ganze Campingplatz ist in gleißendes Licht getaucht. Der Fiat-Fahrer kommt hinter einem Trafohäuschen hervor, grinst und erklärt uns: „Scusi, Stromausfall, passiert öfter." Na prima, willkommen am Gargano. Jetzt kann es nur noch besser werden.

Und das wird es auch. Der freundliche Elektriker entpuppt sich als Platzwart und hat uns schon erwartet. Es ist die letzte Saisonwoche in diesem Jahr, und wir sind die einzigen Gäste, die über den ADAC in München einen Wohnwagen gebucht haben. Allein auf dem Platz sind wir deshalb nicht. Vereinzelt stehen ein paar Wohnmobile und VW-Busse, dekoriert mit Surfboards und bunten Segeln. Zwei Surfer waren es denn auch, die uns auf die Idee mit dem Gargano gebracht haben. Immer wenn die Sprache auf Urlaub in Bella Italia kam, kriegten sie glänzende Augen, haben geschwärmt und gejubelt und gepriesen – Gargano hier und Gargano da. Wir haben erst gedacht, die wollen uns veräppeln. Und überhaupt: Gargano – wo liegt der eigentlich?

Der schönste Teil der gesamten Ostküste

Also erst mal im dicken Italien-Reiseführer nachschlagen. Da lesen

Vieste, das Prunkstück des Gargano: Die pittoreske Altstadt thront auf einem Kreidefelsen hoch über dem Meer.

wir: „Gargano: Der Sporn des Stiefels, gut 1000 Meter hohe Felshalbinsel mit kleinen Städtchen hoch über dem Meer, dazwischen kräftige alte Pinienwälder und blendendweiße Kalkklippen mit eingestreuten Sandstränden. Die intakte Natur, das glasklare türkisblaue Wasser und die bildhübschen Orte lohnen den Besuch." Und das euphorische Fazit: „Der Gargano ist in jeder Hinsicht die schönste Stelle der gesamten italienischen Ostküste." Donnerwetter. Wenn Reisebuchautoren schwärmen wie Texter im TUI-Katalog, dann muß an der Gegend wohl was dran sein.

Und das ist es in der Tat, wie wir schon am nächsten Morgen feststellen. Das Rauschen des Meeres spült unser Bewußtsein an die Oberfläche; wir schälen uns aus den Laken, öffnen die Tür des Wohnwagens und können kaum glauben, was wir da sehen: Unser Vehikel steht auf einer kleinen Terrasse direkt oberhalb eines feinsandigen Strandes und keine dreißig Meter vom türkisfarbenen Wasser entfernt. Die ganze Bucht ist vielleicht zwei Kilometer lang und wird von schroffen Felsnasen eingerahmt. Keine Spur von irgendwelchen Betonklötzen – nur Sand, Pinienhaine und zwei, drei kleine Strandrestaurants. Wie wir später sehen, ist das eine der vielen erfreulichen Seiten des Gargano: Es gibt jede Menge traumhafter Buchten bar jeder ausufernden Hotel-Bebauung. Der Tourismus versteckt sich – diskret und beinahe unsichtbar – in den kleinen Wäldchen der zahlreichen Campingplätze entlang der Küste.

Noch vor dem ersten Kaffee müssen wir den großen Onkel ins Meer halten. Wasser um die 20 Grad, das läßt sich ertragen. Auch die Sonne brennt schon recht kräftig vom Himmel herunter. Kein Wölkchen in Sicht. Kaum zu glauben, daß es Mitte Oktober ist. Es scheint sich zu bewahrheiten, was unsere Surfer-Freunde uns prognostizierten: Der Gargano ist das ideale Vor- und Nachsaison-Revier, schon im März lacht die Sonne fast ständig vom Himmel, und wer Lust auf Badeurlaub hat, kann seiner Leidenschaft bis weit in den Oktober hinein frönen. Viele Touristen trifft man in dieser Zeit nicht mehr, und sogar die Preise sinken auf ein erfreulich niedriges Niveau.

ANREISE

Die Anfahrt bedeutet ein gutes Stück Arbeit. Von München an den Gargano sind es gut 1200 Kilometer. Route: Brenner-Verona-Modena-Bologna-Rimini-Ancona-Pescara-Poggio Imperiale. Dann noch etwa 70 Kilometer bis Vieste. Für eine Zwischenübernachtung empfiehlt sich der Gardasee. Leider sind saftige Mautgebühren zu zahlen: Österreich-Vignette, Brenner, Autobahngebühren bis Poggio Imperiale. Da kommen hin und zurück knapp 200 Mark zusammen.

Ein toller Rundblick über Meer und Bucht

Mit diesen durch und durch positiven Eindrücken machen wir uns auf die Suche nach dem Frühstück. Wie auf jedem gescheiten Campingplatz gibt es einen „Supermercato". Das Angebot ist wegen des nahen Saisonendes nicht mehr besonders üppig, aber das Wichtigste ist da. Wir kaufen frische Brötchen, Kaffee und Milch,

Marmelade, Obst und Käse. Selbst mit alten Schuhsohlen wäre es ein herrliches Festmahl geworden, denn unser Frühstücksraum ist die Terrasse vor unserem Wohnwagen. Während wir den heißen Kaffee schlürfen, genießen wir die wärmende Sonne und den sagenhaften Rundblick über Bucht und Meer. Nach Rücksprache mit unseren lädierten Hinterteilen beschließen wir, heute nicht mehr als zehn Minuten auf dem Motorrad zu hocken. Das reicht gerade für eine Fahrt nach Vieste, dem nächstgelegenen Küstenort.

Bummel durch die Altstadt von Vieste: Die engen Gassen geben immer wieder den Blick auf das Meer frei.

Prächtiges Chaos

Vieste ist die größte Stadt und das touristische Herz des Gargano. Die Einwohnerzahl liegt bei etwa 13 000, was in Italien allemal für ein prächtiges Chaos in den engen Straßen und Gassen reicht. Zufällig ist auch noch Markttag. Wir biegen nichtsahnend um die Ecke und befinden uns plötzlich in einer Art überlebensgroßem Autoscooter. Alle möglichen Vespacars, Cinquecentos, Roller und Kleintransporter drängeln um einen bunten Marktplatz, lässig dirigiert von einem kurzärmeligen Stadtpolizisten mit Trillerpfeife. Eine brillante Momentaufnahme der italienischen Straßenverkehrsordnung: Der Polizist trillert, schwenkt den Arm nach rechts. Die Autofahrer hupen, biegen nach links. Wir Touristen, nix verstehen, fahren einfach geradeaus. Und alle sind's zufrieden.

Der Markt am Piazzale Manzoni ist hochinteressant. Jede Menge Obst und frisches Gemüse, eingelegte und getrocknete Peperoncini, Oliven, Kräuter, und das alles zu Preisen, die sich anscheinend seit den fünfziger Jahren nicht verändert haben. Besonders angetan hat es uns ein Laib Stinkekäse, den ein frommer Landmann aus seinem fossilen R 4 wuchtet. Wir deuten auf den Käse, machen ein gieriges Gesicht. Der Mann bleckt seine

Zahnstummel, holt einen Spatel aus dem Wagen und hackt auf den Käse ein, als sei es eine hundertjährige Eiche. Nach einiger Zeit bricht eine große Ecke ab, wir dürfen probieren. Der Käse hat schon Tut-Ench-Amun Gesellschaft geleistet; mir schießen Tränen in die Augen, die Zunge wird schlagartig taub. Schafskäse für Fortgeschrittene. Na gut, wir nehmen ihn! Der Bauer freut sich, kassiert 20 000 Lire und legt noch eine selbstgemachte Wurst mit drauf, die so einladend aussieht wie ein radioaktiver Brennstab. Mit der brisanten Fracht in den Koffern fahren wir weiter in Richtung Altstadt.

Die Altstadt von Vieste ist ein Traum

Die Altstadt, das „Centro storico" von Vieste, soll ganz traumhaft sein, haben uns die Freunde vorgeschwärmt. Aber erst mal müssen wir sie finden. Wie fast überall in Italiens Städten funktioniert die Verkehrsführung nach dem Prinzip Irrgarten. Als wir zum dritten Mal an die Piazza Vittorio Emanuele kommen, jedesmal aus einer anderen Richtung, lassen wir den BMW Cruiser einfach stehen und gehen zu Fuß weiter. Klauen wird das Ding schon keiner, und wenn, wird er spätestens beim Aufstemmen der Packtaschen seine verdiente Strafe erleiden. Von der Piazza, dem quirligen Zentrum der Innenstadt, gelangen wir über etliche Treppenstufen aufwärts zum Corso Cesare Battisti. An dessen Ende treffen wir auf den engen Torbogen, der uns in das historische Zentrum von Vieste führt. Die Häuser rücken enger zusammen, und die Gassen werden immer steiler. Verkehrsfreie Zone – eine Wohltat nach dem Chaos in der Neustadt.

Markttag am Piazzale Manzoni: Die Bauern der Umgebung bringen mit recht skurrilen Gefährten ihr frisches Obst und Gemüse in die Stadt.

Wir halten uns weiter bergwärts, kommen am Dom San Giovanni Battista vorbei und gelangen nach kurzer Zeit zu einem phantastischen Aussichtspunkt. Beim Fischlokal Sapore di Mare hat man einen überwältigenden Blick auf die schroffe Landzunge, die das Fundament von Viestes Altstadt bildet. Die schneeweißen Häuser drängen sich an der steilen Abbruchkante der Kalkfelsen, 30 Meter tiefer tosen die Wellen an den Stein. Über eine steile Treppe gelangen wir zu einem winzigen Naturhafen hinab; ein paar Fischerboote dörren hier in der Sonne. Verblüffend, daß nur ein kleiner Spaziergang zwischen dem größten Trubel und eremitenhafter Stille liegen.

Wir tauchen wieder ein in das Gewirr der engen Gassen, stöbern ausgiebig durch die vielen kleinen Spezialitätengeschäfte. Es gibt handgemachte Nudeln in jeder Form und Farbe, Likör, Wein und Olivenöl aus der Region, und immer wieder die hausgemachten, pikanten Würste. Ein Schlemmerparadies!

Voller Vorfreude studieren wir die Speisekarten der kleinen Kellerlokale und urigen Restaurants in den Gassen. Abends sitzt man hier im Freien auf groben Holzbänken, eine Kerze auf dem Tisch, und genießt neben der vortrefflichen Küche das wundervolle Ambiente der historischen Umgebung.

Für Romantiker: In den Gassen Viestes verbergen sich auch einige kulinarische Schätze (rechts). Wie der Stoßzahn eines Ungeheuers ragt der weiße „Pizzomunno", ein Kalkstein-Monolith, am Strand empor (unten).

Der weiße Felsen – das Wahrzeichen des Gargano

Am Ende der Altstadt gelangen wir zum Kloster von San Francesco mit seiner kleinen Kirche. Am Kloster vorbei führt uns ein kleiner Trampelpfad zum Ende der Landzunge, wo wir auf einen „Trabucco" treffen. Das merkwürdige Gebilde ist eine Mischung aus Baumhaus und Bohrinsel. Auf spindeldürren Stelzen ruht eine große Plattform aus Holz; lange Ausleger und allerlei Strippen ragen ins Wasser. Unter kundiger Hand entwickle sich das

Ding zu einer umweltverträglichen Fischfangmaschine, erklärt uns ein Angler, der im Schatten des Monstrums seinen Wurm badet. Ein Bad im Meer – das scheint auch uns urplötzlich ganz verlockend. Der Staub der Landstraße muß runter! Wir stiefeln zum windgeschützten Südstrand Viestes (der nördliche ist auch sehr schön, aber manchmal etwas rauh) und stürzen uns in die glasklaren Fluten. Über unseren Köpfen ragt ein 20 Meter hoher Kalkstein-Monolith in den Himmel, wie der Stoßzahn eines antiken Ungeheuers. Es ist der „Pizzomunno", das Wahrzeichen Viestes und ein beliebtes Postkarten-Motiv.

Ein weiteres entdecken wir am nächsten Tag. Wir gehen auf unsere erste Entdeckertour, wollen von Vieste längs der Küste in Richtung Mattinata fahren. Erst geht es flach am schönen Lido di Porto Nuovo mit seinen vorgelagerten Felsinseln entlang, später lupft es die Straße ein wenig an und wir kurven im Hochparterre um zahlreiche Kalksteinbrocken. So nach und nach schrauben wir uns immer höher; ein Gefühl wie an Korsikas Westküste, einfach toll. Nach einigen Minuten erreichen wir die Torre San Felice, einen antiken Wehr- und Wachturm. Von hier bietet sich ein wunderschöner Ausblick auf den Küstensaum und einen bizarren Felsen mit einem kreisrunden Loch in der Mitte. Der ganze Küstenbereich ist stark zerklüftet – ein deutlicher Beweis für die zerstörerische Kraft des Meeres, das hier jahrein-jahraus mit Urgewalt an die Felsen brandet. Der weiche Kalkstein ist an manchen Stellen ausgehöhlt wie ein morscher Backenzahn. Einige der Grotten, die dadurch entstanden sind, kann man per Touristendampfer von Vieste aus besichtigen.

Der Wallfahrtsort Monte Sant' Angelo, 800 Meter über dem Meer: Faszinierend ist die gleichförmige Architektur der Häuserreihen.

Cala della Pergola – wie aus dem Bilderbuch

Kurz hinter der Torre San Felice zweigt links eine kleine Straße zur Ferienkolonie Pugnochiuso ab. Die

CISTRI
FONZI

Einträglich: Der Fischfang mit feinen Netzen (links) zählt am Gargano zu den wichtigsten Einnahmequellen. Nacht für Nacht stechen zahlreiche kleine Boote in See.

Straße wird immer wilder, die Kurven werden enger, die Ausblicke spektakulärer. Autos haben wir seit Vieste nicht mehr gesehen. Pugnochiuso ist ebenfalls völlig verlassen; die Saison ist vorbei. Kurz hinter dem weitläufigen, flachen Hotelkomplex steigt die Straße wieder an und führt auf eine hohe Felsnase. Hier oben gibt es einen weiteren kleinen Abzweig.

Eine Stichstraße führt hinunter ans Meer zur Cala della Pergola. Die Bucht ist ein Juwel für Romantiker. Ein winziger Strand kuschelt sich zwischen haushohe Felsen, das Wasser ist türkisblau, der Ausblick aufs Meer treibt die Sorgen aus dem Hirn. Weit und breit ist kein Mensch in Sicht, mal abgesehen von dem jungen Paar, das sich in der italienischen Sportflunder einen heftigen Clinch liefert. So ein Alfa hat schon viele zum Romeo gemacht.

Faszinierende Fahrt durch karge Felslandschaft

Leise tuckern wir weiter Richtung Mattinata. Wenn Gott den großen Landschaftsfilm abspult, knistert man nicht mit der Auspufftüte. Die Straße bäumt sich drei- bis vierhundert Meter über dem Meer auf, bis sie kurz vor den Ölbaumplantagen Mattinatas wieder zusammensackt. Besonders aufregend ist Mattinata nicht, also weiter. Gleich hinter dem Ort beginnt erneut der Aufstieg, diesmal in das hochgelegene Innere des Gargano. Die steile Serpentinenstraße führt uns

Stille Buchten, einsame Strände: Im Gargano läßt es sich abseits der großen Touristenströme und entlang der wohl schönsten Küstenregion Italiens trefflich cruisen.

durch eine karge, lichtdurchflutete Felslandschaft. Eine faszinierende Fahrt, die wir immer wieder unterbrechen, um die Aussicht aufs Meer und das schroffe Gebirge zu genießen.

Nach knapp 20 Kilometern erreichen wir den kleinen Wallfahrtsort Monte Sant' Angelo. Wir sind auf 800 Metern Höhe; im Vergleich zur Küste ist es angenehm kühl hier oben. Neben dem unglaublich klaren Licht beeindruckt uns die merkwürdige Architektur des Ortes. Die Häuser sind alle sehr ähnlich und wirken aufgereiht wie Perlen auf einer Schnur. Wenn man so will, ist das eine altertümliche Reihenhaus-Kolonie, faszinierend in ihrer Gleichförmigkeit. Was den Ort aber für Heerscharen von Gläubigen so anziehend macht, ist das „Santuario di San Michele", das Höhlenheiligtum des Erzengels Michael. Der Sage nach hat dieser sich hier Ende des 5. Jahrhunderts den Schafhirten gezeigt und ihnen zum Beweis seinen roten Mantel hinterlassen.

Ein Leben abseits aller Hektik: Die Fischer im Hafen von Vieste bereiten in aller Ruhe ihre nächste Fahrt vor. Eile legt hier niemand an den Tag.

Der Wallfahrtsort zieht Tausende von Pilger an

Das „Santuario" ist eine reich verzierte Grotte tief im Berg. Hinter dem Altar mit der Marmorstatue des Erzengels rinnt angeblich Wunder wirkendes Wasser aus dem Fels. Ganze Busladungen frommer Besucher pilgern zu der Wallfahrtsstätte, durchweg Italiener. Wie es sich für den Besuch eines Heiligtums gehört, sind alle sehr förmlich bekleidet. Die gestrengen Mienen der Gläubigen lassen ahnen, was dem nächsten Touristen blühen mag, der den Heiligen Michael mit Badelatschen und Bermudashorts behelligt: Er wird mit Stockhieben aus der Stadt gejagt.

Das feierliche Ambiente des Ortes stören allenfalls die unzähligen Andenkenläden, in denen der religiöse Kitsch rekordverdächtige Blüten treibt. Den Vogel schießt eine Art Hologramm ab. Steht man genau davor, zeigt es den armen Herrn Jesus, die Augen niedergeschlagen im Leid. Geht man einen Schritt zur Seite, fängt er plötzlich keck zu blinzeln an. Einfach geschmacklos!

Ein letzter Rest Urwald

Die nächsten Tage dienen dem Urlaub vom Urlaub. Die Anfahrt war ja nun wahrlich kein Klacks. Zwölf Stunden lang hat uns die knackig-harte Hinterradfederung des BMW Cruisers das Kreuz massiert. Das hinterläßt Spuren. Wie schön, daß der Gargano auch Alternativen zum Motorradfahren bietet. Wir schwimmen viel, machen endlose Strandspaziergänge, testen die vorzügliche lokale Küche. Schließlich entdecken wir die Foresta Umbra. Es ist ein riesiges Naturschutzgebiet, der Überrest des Urwaldes, der einmal ganz Apulien bedeckte. Über 11 000 Hektar erstreckt sich das Gebiet im Herzen des Gargano-Massivs. Buchen und Eichen, Ahorne, Kornellen und Pinien flechten ein schattiges Dach über die zahlreichen Wanderwege, auf denen man den riesigen Wald erforschen kann. Es ist ein kühler Ort der Ruhe, wenn es einem an der Küste zu stickig und voll wird.

Und ein Ort, an dem sich schnell Zuwachs einstellt: Schon am ersten Wandertag laufen uns zwei kleine schwarze Hunde zu, Streuner, die von den Waldarbeitern und Touristen durchgefüttert werden. Sie begleiten uns ein Stück des Weges, wie vierbeinige Wanderführer. Zur Belohnung gibt's ein Salamibrot. Sie teilen brüderlich und ziehen von dannen – ein echtes Hundeleben.

Ab und zu bekommt auch der BMW Cruiser wieder etwas Auslauf. Unsere Version hat ja den kurzen Lenker und ist deshalb etwas aus der Art geschlagen. Dank der geduckten, beinahe angriffslustigen Sitzhaltung entpuppt sich das Ding als gieriges Kurvenmonster. Die Schräglagenfreiheit ist gut, der Motor reißt kräftig an, und das Fahrwerk zieht wie ein Teppichmesser um die Ecken. Eine recht freudenspendende Kombination auf dem griffigen Asphalt der apulischen Straßen.

Heute lassen wir die Kuh von Vieste aus gen Westen fliegen. Der Küstenabschnitt heißt Manacore Gargano. Eine Kurve reiht sich an die nächste, viele kleine Buchten und Felsklippen, dichter Wald, ab und zu ein Campingplatz. Weiter draußen flitzen zahlreiche bunte Segel übers Meer. Der Wind hat spürbar aufgefrischt und bietet den Surfern optimale Bedingungen. Zu dumm, daß wir unser Segelboot nicht hinter dem Motorrad herziehen können.

Geheimtip für Entdecker: die Tremiti-Inseln

Nach knapp 20 Kilometern erreichen wir Peschici. Der Ort ist viel kleiner als Vieste, aber mindestens genauso sehenswert. Auf einer steilen Felsnase über dem Meer drängen sich die kleinen Häuschen, unten lockt eine große Sandbucht zum Baden. Das „Centro storico" ist voll alter

Traumhaftes Panorama: Die Küstenstraße von Vieste nach Mattinata zählt zu den schönsten Abschnitten des Gargano.

Bruchsteinhäuser, die Gassen sind supereng und total verwinkelt. Es geht rauf und runter, daß einem selbst als Fußgänger schwindlig wird. Und dazwischen immer wieder ein traumhafter Ausblick auf das tiefblaue Meer. Bene! Ein Ort zum Verweilen.

Wir genießen ein Viertel Roten im urigen „Al Castello" mitten in der Altstadt und studieren das Angebot einer Schiffsagentur. Von Peschici und seinem Nachbarort Rodi Garganico aus gehen Fähren zu den Isole Tremiti, drei kleinen, felsigen Inselchen vor der Nordküste des Gargano. Eine von den dreien, Caprara, ist völlig unbewohnt. Die zweite, San Nicola, gilt als Besichtigungsinsel. Es gibt dort eine trutzige Klosterfestung und die Abteikirche Santa Maria, in der sich interessante Kunstwerke aus verschiedenen Epochen befinden. Die dritte der Tremiti-Inseln, San Domino, ist ein schönes Bade- und Entdeckerziel. Es gibt viele versteckt liegende Buchten und einen großen, schattigen Pinienwald. Den schönsten Badestrand findet man in der Cala delle Arene im Nordosten von San Domino. Wer mag, kann auch einige Grotten besichtigen, die vor allem rund um die Südspitze liegen.

Doch heute ist es schon zu spät für einen Inseltrip. Da fahren wir lieber noch einmal nach Vieste, um uns im Rummel der Altstadt ein bißchen treiben zu lassen. Weil uns von den Kurven der Hinfahrt noch immer ganz schwummerig ist, wählen wir für die Rückfahrt die Straße durchs Landesinnere. Sie hat nur halb so viele Kurven, da geht alles doppelt so schnell.

Im Hafen von Peschici: Die Häuser des Fischerdorfs drängen sich auf einer steilen Felsnase über dem Meer.

Dann, kurz vor Vieste brummt es von unten ein bißchen kerniger. Wie sich herausstellt, ist es mein Magen. Der muß nämlich an diese nette Trattoria denken, La Macina heißt sie, gleich oben im „Centro storico". Hinterm Torbogen geht's links in eine enge Gasse, die Tische stehen draußen, romantisch flackert das Kerzenlicht. Da gibt es diese leckeren gerösteten „bruschette", die köstlichen, handgemachten „orecchiette" und den süffigen „vino della casa". Klar, an sowas erinnert sich der Magen! Und prompt will er mehr davon.

ALLGEMEINES

Der Gargano, am Stiefelsporn Italiens gelegen, ist eine bergreiche Halbinsel, die sich bis zu 1000 Meter über die Ebene Apuliens erhebt. Er ist etwa 65 Kilometer lang und 40 Kilometer breit. Geologisch gehört der Gargano nicht zu Italien, sondern zum gegenüberliegenden Albanien. In erdgeschichtlicher Vorzeit war er vermutlich eine vorgelagerte Insel.

Drei der schönsten Städte Apuliens liegen am Gargano: Vieste, Peschici, Rodi Garganico – traumhafte Küstenorte mit strahlend weißen Häusern auf hohen Klippen, verwinkelten Altstädten und tollen Ausblicken aufs Meer. Aber auch im Rest von Apulien gibt es außerordentlich sehenswerte Ziele. Weltberühmt und Ziel vieler Reisegesellschaften ist das Stauferschloß Castel del Monte, die „steinerne Krone Apuliens". Das faszinierende Schloß Kaiser Friedrichs II. thront auf einer leichten Anhöhe und ist schon von weitem sichtbar. Der ungewöhnliche achteckige Bau weist acht Türme mit jeweils acht Ecken auf, die sich um einen achteckigen Innenhof gruppieren. Der eigenartigen, beinahe mystischen Wirkung des Oktagons kann sich kaum ein Besucher entziehen.

Ein weiterer kultureller Höhepunkt ist die Stadt Lecce mit ihren zahlreichen Barockbauten, die im 17. Jahrhundert unter spanischer Herrschaft entstanden. Herausragendes Beispiel ist die Basilica di Santa Croce mit ihrer prächtigen Fassade voller Figuren, Fabelwesen und üppiger Ornamente. Eine ganz andere, weniger pompöse Form des Barock findet man in der Altstadt von Martina Franca. Die geschmackvolle, spielerische Vielfalt der Verzierungen erheben selbst schlichte Wohnhäuser zum Baustein eines städtischen Gesamtkunstwerks.
Zu den schönsten Küstenstädten des Südens zählt Gallipoli. Besonders schön ist die lichtdurchflutete Altstadt. Sie liegt auf einer kleinen Insel und ist von einer trutzigen Stadtmauer umgeben. Ebenfalls einen Ausflug wert ist die schneeweiße Altstadt von Ostuni mit ihrem ausgesprochen griechischen Ambiente. Last but not least empfiehlt sich ein Abstecher zu den weißen Zipfelmützenhäusern der Trulli-Region. Besonders viele dieser Häuschen findet man in Alberobello, das touristisch allerdings recht überlaufen ist.

KLIMA UND REISEZEIT

Für Motorradfahrer eignet sich die Vor- und Nachsaison am besten: Ende März bis Ende Mai/Anfang September bis Mitte Oktober. In dieser Zeit ist es angenehm mild, die Sonne lacht, es gibt kaum Touristen, die Preise sind erschwinglich. Keinesfalls im Juli und August fahren – es sei denn, man hat Freude an restlos überfüllten Stränden, dem ultimativen Verkehrschaos und Temperaturen wie im Vorhof der Hölle.
Apulien liegt im Südosten Italiens – an Sporn und Ferse des Stiefels. Die Landschaft ist im kleineren Teil durchaus fruchtbar, im größeren jedoch wasserarm, karstig und öde. Das leicht gewellte Flach- und Hügelland ist in manchen Gegenden mit riesigen Olivenhainen bedeckt. Landschaftliche Abwechslung bietet die Halbinsel des Gargano mit seinem 1000 Meter hohen Felsgebirge, einer wild zerklüfteten Küste und vielen prachtvollen Stränden. Klimatisch gehört Apulien zu den wärmsten und trockensten Zonen Europas. Der Frühling beginnt meist schon Mitte Februar; Anfang März startet am Gargano die Touristensaison. Von Mai bis September herrscht Sommer. In den Hauptreisemonaten Juli und August können die Temperaturen bis auf 40 Grad steigen. In den ohnehin überfüllten Urlaubsorten geht dann tagsüber fast nichts mehr. Erst in den kühleren Abendstunden erwachen Mensch und Tier wieder zum Leben, und auf den Plätzen und Promenaden der Altstädte beginnt das bunte Treiben.

ATTRAKTIONEN

Es herrscht kein Mangel an Attraktionen: Die Orte längs der Küste sind allesamt einen Besuch wert. Besonders lohnenswert die Altstädte von Vieste, Peschici und Rodi Garganico. Ein Muß sind auch der Wallfahrtsort Monte Sant' Angelo, sämtliche Küstenstraßen und die Bucht Cala della Pergola. Für Abwechslung sorgt ein Schiffsausflug zu den Grotten (ab Vieste) oder zu den Isole Tremiti (von Rodi Garganico aus). Bei großer Hitze empfiehlt sich eine Wanderung durch die schattig-kühle Foresta Umbra. Ideal ist der Gargano auch für Surfer; wer kein eigenes Material dabei hat, kann sich das Equipment praktisch überall mieten.

ESSEN

Schwerpunkt der apulischen Küche ist traditionell das Gemüse: Auberginen, Bohnen, kleine, aromatische Tomaten, Artischocken, Pfefferschoten, wilde Zwiebeln, Rauke und Fenchel. Es gibt sie gefüllt, als gemischtes Ragout aus der Pfanne oder als „bruschetta" auf gerösteten Brotscheiben. Teigwaren sind – wie überall am Stiefel – nicht aus der Küche wegzudenken. Eine besondere Spezialität Apuliens sind die meist in Eigenproduktion hergestellten „orecchiette" – kleine, feste Hartweizennudeln in Form einer Ohrmuschel. Eine wichtige Rolle spielt auch der Fisch, zum Beispiel Aal, Schwertfisch und Meerbarbe. Bei Taranto werden Austern und Muscheln gezüchtet. Fleisch ist wegen der kleinen Viehbestände Süditaliens eher Mangelware. Eine Spezialität der ländlichen Küche sind Würste und Innereien vom Schaf. In puncto Wein zählt Apulien nicht gerade zu den Vorzeigeregionen Italiens. Die subventionsgestützte Massenproduktion vergangener Jahre hat dem Image der Südweine einen herben Schlag versetzt. Als Urlauber wird man vor Ort jedoch angenehm überrascht. Die Rotweine aus dem Salento und die trockenen Weißweine der Trulli-Region munden auch verwöhnten Genießern.

NIGHTLIFE

Wie überall im Süden Europas erwachen die Städte auch im Gargano erst nach Einbruch der Dunkelheit so richtig zum Leben. Jetzt sind die Temperaturen endlich erträglich; man bummelt durch die Läden der Altstadt, kauft etwas ein, trifft Freunde auf einen Espresso oder ein leckeres Eis. Ein Tip für Nachtschwärmer: Besonders quirlig geht es in Vieste auf der Piazza Vittorio Emanuele zu.

GELD UND KOSTEN

Die Anreise ist teuer, der Rest ist billig. In der Nebensaison liegen die Preise deutlich niedriger als zum Beispiel am Gardasee. Wir haben für ein simples Abendmenü (Vorspeise, Pasta, Wein & Wasser) nie mehr als 20 Mark pro Person bezahlt. Für Selbstversorger gibt es frisches Obst und Gemüse supergünstig auf den Märkten. Pasta und Wein kosten halb so viel wie in Deutschland. In der Hauptsaison steigen die Preise allerdings auch hier kräftig an.

HOTELS

In der Altstadt von Vieste liegt in traumhafter Lage die Pension „Al Centro Storico". Ein uriges Gemäuer, fast 1300 Jahre alt, tolle Panoramaterrasse, Meerblick, sehr sauber und günstig (DZ 55 bis 85 Mark, inkl. Frühstück).
Al Centro Storico, Via Mafrolla 32, 71019 Vieste, Tel./Fax: +39 (884) 707030.

Ein nettes Badehotel, direkt am Nordstrand von Vieste gelegen, ist das modern eingerichtete „Vela Velo". Mit Garten, Bar und Surfstation. Zur Altstadt ca. 600 Meter. DZ 60 bis 120 Mark, inkl. Frühstück.
Hotel Vela Velo, Lungomare Europa 19, 71019 Vieste, Tel./Fax: +39 (884) 706303.

Für Selbstversorger und Naturliebhaber empfiehlt sich ein Bungalow oder Miet-Wohnwagen auf einem der zahlreichen Campingplätze. Die Behausungen bieten Platz für zwei bis vier Personen und sind komplett ausgestattet mit Waschraum und Küche samt Inventar. Nur Bettzeug und Handtücher muß man selbst mitbringen.

Preisbeispiel: Camping Le Diomedee, Vieste, Wohnwagen für zwei Personen ab 291 Mark pro Woche (in der Nebensaison). Buchung über jedes Reisebüro.

KULTUR UND FESTE

Die Stiefelferse war schon immer Italiens Tor zum Osten – und umgekehrt. In der Antike besiedelten altgriechische Kolonisten das Land. Später folgten Byzantiner, Normannen, Staufer und Aragonesen. Im Mittelalter schifften sich die Kreuzfahrer von hier ins Heilige Land ein. Über viele Jahrhunderte galt Apulien als Drehscheibe des Handels zwischen Europa und dem Nahen Osten. Durch diese Vermischung der Kulturen entwickelte sich eine vielschichtige und eigenständige Architektur, die nordische, byzantinische und islamische Stilelemente zeigt. Die Spannweite der Bauten reicht von kargen normannischen Kastellen über verspielt-apulische Romanik zu üppigem spanischen Barock. In den Dörfern entdeckt man griechisch-byzantinische und afrikanisch-arabische Einflüsse. Es gibt einen hohen griechischen Bevölkerungsanteil. Auch manche Ortsnamen (etwa Calimera, „guten Tag") erinnern an die griechischen Siedler der Antike.

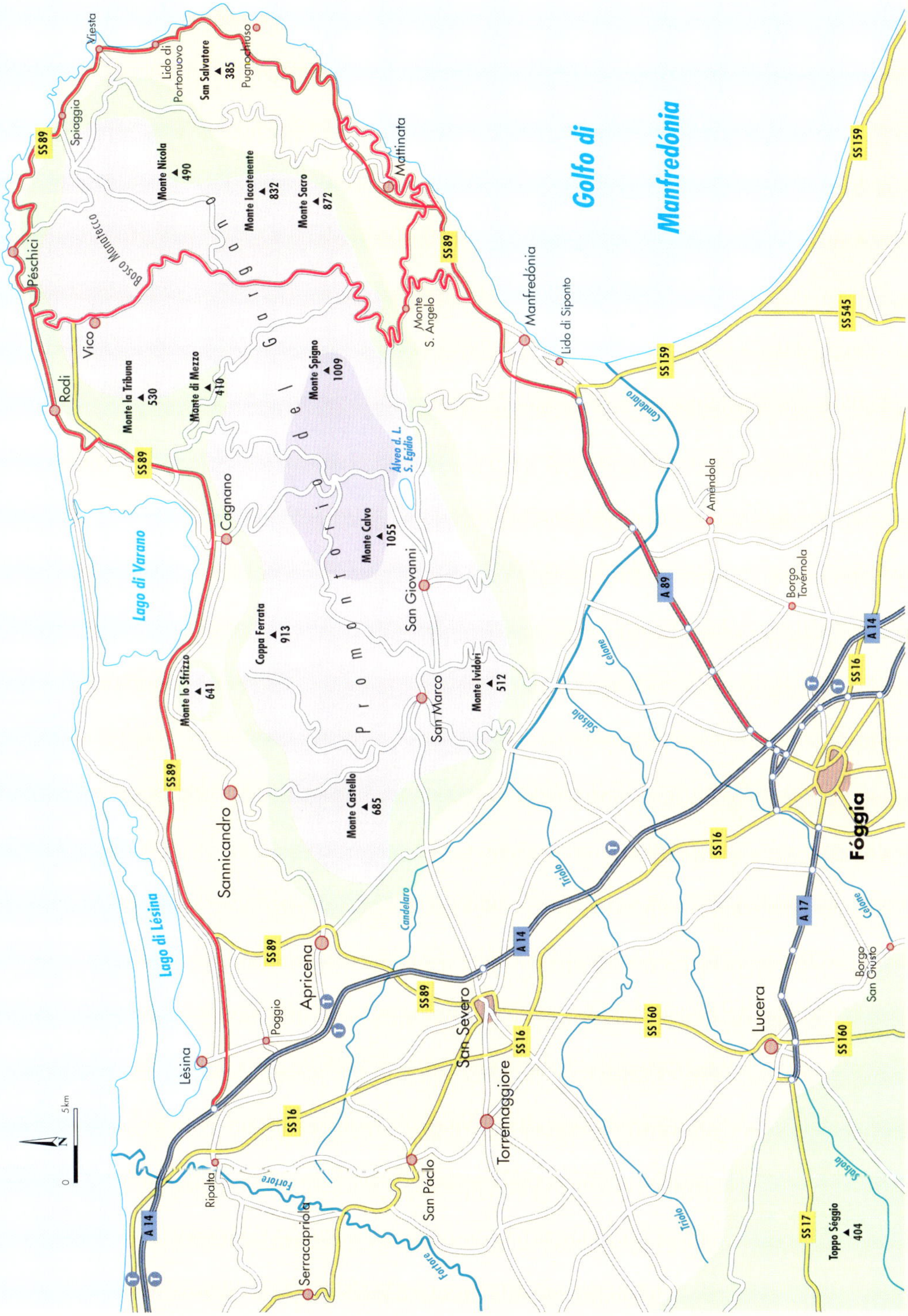
Golfo di Manfredónia
Lago di Varano
Lago di Lésina
Promontorio del Gargano
Bosco Monteracco
Viesta
Lido di Portonuovo
Pugnochiuso
San Salvatore 385
Spiaggia
Monte Nicola 490
Monte Iacotenente 832
Monte Sacro 872
Mattinata
Peschici
Vico
Rodi
Monte la Tribuna 530
Monte di Mezzo 410
Monte Spigno 1009
Monte S. Angelo
Manfredónia
Lido di Siponto
Álveo d. L. S. Egidio
Cagnano
Monte Calvo 1055
San Giovanni
Cappa Ferrata 913
Monte lo Sfrizzo 641
Monte Ividori 512
San Marco
Sannicandro
Monte Castello 685
Apricena
Poggio
Lèsina
Ripalta
Serracapriola
San Paolo
Torremaggiore
San Severo
Lucera
Borgo San Giusto
Fóggia
Borgo Tavernola
Amèndola
Candelaro
Celone
Salsola
Triolo
Fortore
Toppo Séggio 404
SS89
SS159
SS545
SS16
SS160
SS17
A14
A89
A17
0 5km

Siziliens Strände locken mit Sand und schönstem Sonnenuntergang. Die inneren Werte der Insel liegen meist verborgen im Abseits des Hochlandes (oben).

Ein Hauch von Afrika

Selten fällt jemandem zum afrikanisch angehauchten Sizilien spontan ein anderes Synonym als Mafia ein. Doch ein schlechter Ruf kann auch viel Gutes bewirken.

Von Alena und Martin Enenkel

Langsam und nahezu lautlos gleiten die blauspitzigen Berge heran, keine Küste, kein Hafen, nur die im Halbkreis über dem Wasser zu schweben scheinenden Gipfel. In den Schattenschneisen ein flüchtiges Grün. Darüber ein Himmel aus Perlmutt. Noch eine Ewigkeit nichts als diese sich nähernde Unwirklichkeit. Ein Hauch von Afrika weht uns entgegen. Erst als wir die Hafenmole passieren, dehnt sich plötzlich eine riesige, zementgraue Mulde in das

Randgebirge hinein, in die letzten Orangengärten, in die Conca d´Oro, die „Goldmuschel" – Palermo.

„Keine Angst vor der Mafia?", hieß es zu Hause noch, als wir unsere Sachen packten und aufbrachen, um Sizilien zu erobern. „Veni, vidi, vici", war unsere Parole. Nein, vor der Mafia haben wir keine Angst, aber dafür kämpfen wir eine halbe Stunde nach unserer Ankunft im grauenvollen Verkehr der Goldmuschel ums nackte Überleben. Es geht zu wie im Wilden Westen: Regeln gibt es keine – hier herrscht einfach nur das Gesetz der sizilianischen Straßendesperados.

Augen zu und nichts wie raus, heißt hier die Devise, aber das ist leichter gesagt als getan. Geradezu endlos scheinen sich die Vierradkolonnen durch die Stadt zu schlängeln, und es ist schon dunkel, als wir endlich die Ausfallstraße zum einzigen Campingplatz der Umgebung finden. Von da an dauert es keine zehn Minuten, bis wir dort auch eintrudeln. Als wir schließlich von unseren vier Stoffwänden umzingelt in den Schlafsäcken liegen, fühlen wir uns großartig: Überlebt und endlich ein bißchen Ruhe. Gerade als sich die schweren Augenklappen zum wohlverdienten Schlaf geschlossen haben, jagen – mit der Pünktlichkeit einer Sanduhr – alle dreißig Minuten Güterzüge in Milchstraßenlänge durchs Zelt. Wen interessiert da noch die Mafia?

Anreise

Die bequemsten und vermutlich auch die schnellsten Land/Seeweg-Verbindungen nach Sizilien schaffen die Schiffe der Grand Navi Veloci. Nach der Anfahrt bis Genua geht es sehr relaxed auf komfortabel ausgestatteten Fährschiffen (mit Swimmingpool) in nur 20 Stunden bis nach Palermo. Rechnet man Benzinkosten und Autobahngebühren zusammen, kommt man über das Festland Italiens kaum billiger weg, denn auf der Rückfahrt wird das Motorrad umsonst transportiert (Kleingedrucktes auf dem Ticket lesen!). Die Preise variieren je nach Saison und sind in jedem Reisebüro zu erfragen. Der Landweg lohnt sich nur noch, wenn man auf der Anreise in Italien noch weitere Regionen besuchen möchte.

Trotz aller Kargheit von eindrucksvoller Schönheit

Der nächste Morgen ist in grelles Licht getaucht; in jedem Falle ist es ein herrlicher, geradezu unwirklich klarer Morgen, und in vollem Enthusiasmus starten wir auf unserem Stahlroß unsere Fahrt durch Sizilien. Auf den ersten Kilometern am Golf von Castellammare entlang bemerken wir schon, daß von diesem einsamen Bergland mit seinen von Macchia bewachsenen Höhenrücken und anmutigen Tälern eine merkwürdige Faszination ausgeht. Es ist Landschaft im Urzustand, obwohl von Menschenhand dazu gemacht. Hier wie überall im Innern der Insel hat die rücksichtslose Abholzung der Wälder das Land seiner klima- und wasserregulierenden Schutzhülle beraubt. Nun ist der Boden ausgebrannt und verkarstet und trotz aller Kargheit doch von so eindrucksvoller Schönheit. Wir genießen jeden Kilometer auf den schattenlosen Straßen, durch die abwechslungsreichen Täler, die alten Bergstädte, vorbei an verfallenen Kastellen aus der Stauferzeit.

Hoch über der Bucht des romantischen Hafenstädtchens Castellammare del Golfo halten wir an einem Aussichtspunkt und staunen über den zauberhaften Blick auf die kilometerlangen Sandstrände und attraktiven Klippen um Cala Bianca und Scopello. Es liegt eine ganz besondere Atmosphäre über diesen Städtchen, ganz so, als würde die Sonne über dem herrlichen Golf strahlender und der Mond heller leuchten wollen als anderswo.

Fast jede schöne Aussicht auf Sizilien ist geprägt vom „Vater aller Berge", dem Ätna (links).

Grund genug, hier eine längere Pause einzulegen und auch mal die stark salzhaltigen Elemente auf ihre Temperatur zu testen. In einer malerischen Felsbucht bei Scopello schmeißen wir uns zum erstenmal in das in Blau- und Türkistönen schimmernde Meer und tollen in den Wellen herum wie zu besten Kleinkinderzeiten.

Kulturelle Highlights

Gut abgekühlt begeben wir uns wieder in die glühende Hitze und wollen bei nordafrikanischen Temperaturverhältnissen auf den rauhen Schotterpisten des Zingaro-Nationalparks bis zum Capo St. Vito vorstoßen. Doch unser Forscherdrang wird schnell gestoppt: Schon von weitem strahlt uns ein hochpoliertes Schild mit einem durchgestrichenen Motorrad entgegen – Pech gehabt! Glücklicherweise ist das die einzige Niederlage, die wir mit unserer Africa Twin einstecken müssen. Auf diese Weise haben wir wenigstens mehr Zeit für eines der kulturellen Highlights der Insel. Auf kleinsten, verwinkelten Bergsträßchen lassen wir unser Bike von einer Kurve in die andere fallen, nutzen die von der enormen Hitze und den Lastwagen in den Asphalt geformten Bobbahnen wie Motocross-Anlieger und tauchen schließlich naßgeschwitzt, aber seelig, in Segesta auf.

Die freundlichen Sizilianer haben immer Zeit für einen Plausch mit Fremden. Eile und Hektik sind ihnen unbekannt.

Nicht nur wegen seiner einmaligen Lage ist der Segesta-Tempel eines der schönsten antiken Heiligtümer Siziliens. Wie der Concordia-Tempel in Agrigento hat er den Jahrtausenden aufrecht getrotzt, wurde aber – aus welchem Grund auch immer – niemals vollendet. Ob der Tempel überhaupt einem Kult diente, verliert sich

Buntes Treiben: Farbenfroh geht es in den sizilianischen Städten zu – ein Fest für die Augen.

ebenfalls im Nebel der Geschichte. Unter den Römern blühte das einstmals bedeutende Segesta noch einmal auf, ehe es im frühen Mittelalter dem vollständigen Verfall preisgegeben war. Heute lassen nur noch spärliche Mauerreste des Ortes seine einstige Größe erahnen.

Erice – Siziliens imposanter Adlerhorst

Über eine wunderbare Panoramastraße fliegen wir förmlich nach Erice hinauf. Die Straße ist derartig eben und haftfähig, daß selbst der hochliegende Mittelständer der Africa Twin immer wieder aufsetzt und wir das Gefühl haben, als könnte uns nicht einmal Mick Doohan das Wasser reichen – vermutlich erste Auswirkungen eines Sonnenstichs. Als wir schließlich oben breitbeinig vom Motorrad steigen, sind wir auf Anhieb begeistert.

Erice ist der wohl imposanteste jener sizilianischen Adlerhorste, in die sich in früheren Zeiten die Bevölkerung zum Schutz vor Feinden und vor der in der Ebene lauernden Malaria zurückzog. Nach jahrelangen Irrfahrten setzten hier die hübschen Trojanerinnen die Schiffe ihrer Männer in Brand, um diese endlich zur Seßhaftigkeit zu zwingen. Schluß mit Krieg und Abenteuern!

Enge Gäßchen und gemütliche Cafés

Ein Spaziergang durch die Stadt entspricht einem Zeitsprung in die Vergangenheit. Sie verdankt ihren hervorragenden Erhaltungszustand nicht zuletzt ihrer Lage auf einem dreieckigen, immerhin 751 Meter hohen Plateau des gleichnamigen, auf fast allen Seiten extrem schroff abfallenden Berges. Der Blick von oben gleicht wahrhaftig dem eines Adlers – die ganze Insel scheint uns zu Füßen zu liegen. In den engen Gäßchen sitzen wir lange Zeit gemütlich im Café und beobachten das tägliche Treiben. Man braucht nicht viel Phantasie, um

Straße mit Aussicht: Blick vom Hochland auf eine der Buchten Siziliens.

Aufgeschüttete Salzhalden und malerische Windmühlen: Die Region um Marsala hat reichlich davon zu bieten.

die Argonauten wiederaufleben zu lassen, die Römer, die Araber und die Normannen, die diesen geweihten Boden geprägt haben. Da Alena keine trojanischen Züge entwickelt und die Africa Twin nicht überraschend in Flammen steht, können wir unsere Irrfahrten fortsetzen. Bevor der abendliche Nebel Erice einhüllt wie ein Tuch den Kopf einer alten Frau brechen wir schließlich in Richtung Marsala auf.

„Das weiße Gold": die Salzhügel von Marsala

Zum Sonnenuntergang wollen wir zu den Windmühlen Marsalas hinaus und das „weiße Gold" Siziliens bestaunen. Angeblich soll das sizilianische Salz eines der besten der Welt sein. Als wir bei Sonnenuntergang dort eintreffen, läuft es uns eiskalt den Rücken herunter. Der Gang über die aufgeschütteten Wege zwischen den Salzpfannen und schmal eingedämmten Lagunen führt in eine rund 1000 Hektar große Landschaft aus vielen Farben und ist einfach berauschend: weiß-rosa-orange schimmernde Salzgärten, Salzteiche, aufgetürmte Salzhügel – irgendwie ist alles so unwirklich. Fehlt nur noch, daß zwischen den Windmühlen gleich Don Quichote „de la Marsala" durchgeritten kommt.

Marsala bedeutet übrigens übersetzt soviel wie „Der Hafen Allahs". Welche Scherze sich doch die Geschichte erlaubt: Ausgerechnet jener Ort, der nach dem Gott der auf Alkoholabstinenz eingeschworenen Moslems benannt ist, brachte es seines Weines wegen zu Weltruhm. Schon etliche Kilometer vor der Stadt bekommen wir den feinen, aromatischen Duft des Weins in die Nasen. Keine Frage, daß wir am Abend in den Weinkellern Marsalas auch ausgiebig davon testen – natürlich nur zur Vorbeugung, sollten in der Nacht wieder Züge durchs Zelt fahren.

Kilometerlange Sandstrände zu Füßen Selinunts

Auf der Fahrt in den Süden Siziliens können wir wieder den Hauch Afrikas spüren – Windland und Sommerland und der Himmel ganz flach darübergespannt. Nicht nur der elend heiße Schirokko trägt seinen Teil dazu bei.

Charakter und Struktur der Landschaft entsprechen den Formationen Nordafrikas; ein ausgeglühter, unfruchtbarer, ton- und mergelhaltiger Boden, dazwischen Grassteppe und uferwärts niedrige Sanddünen. Erst im kleinen Fischerstädtchen Marinella di Selinunte mit seinen gemütlichen Lokalen und kilometerlangen Sandstränden zu Füßen des antiken Selinunt machen wir halt.

Goldene Sandbuchten

Eigentlich wollen wir selbstredend die berühmte Akropolis von Selinunt besuchen – doch verflixt. Da ist man wild entschlossen, alles an kulturellem Erleben aufzusaugen, und mit einemmal ragt ein blendend weißer Steilfelsen über türkisem Meer in einen wolkenlosen Seidenhimmel. Golden schimmernde Sandbuchten blasen schließlich sämtliche guten Vorsätze schneller weg, als der Wind die weißen Schaumkronen des Mare Africano vor sich hertreiben kann. Na ja, was soll's – wie an keinem anderen Ort der Insel wird hier die Tageszeit zu einem so kostbaren Verbündeten wie zwischen diesen Ruinen am afrikanischen Meer, und je später der Abend, desto schöner das Licht.

Als wir etwa eine Stunde vor Sonnenuntergang schließlich zwischen den gigantischen Säulen der Akropolis schlendern, sind wir wie verzaubert. Langsam versinkt der Feuerball im Meer, und in den langen Schatten erheben sich die Tempel zu ihrer einstigen Größe. Was die Farben, die Zeit und Witterung ihnen nahmen, malt jetzt das Abendlicht. In den letzten Sonnenstrahlen tanzen unzählige winzige Mücken nach ihrer eigenen Choreographie, und Bienen summen über duftenden Kräutern. Was für ein Anblick, was für eine Atmosphäre – selbst als Ruinen haben die schönsten Bauwerke der Hellenen nichts von ihrer Grazie, ihrer Würde und Kraft eingebüßt.

Das verschlafene Bergnest Caltabellotta

Die Straße und die Gegend in Richtung Sciacca wird dagegen immer öder. So beschließen wir einen kurzen

Die pure Neugier: In den verschlafenen Bergdörfern sind Motorradtouristen auch heute noch eine kleine Sensation.

Abstecher ins bergige Inland, in Richtung des urigen Bergnestes Caltabellotta, zu unternehmen. Wie die verkleinerte Ausgabe der großen Dolomitenstraße zieht sich eine kurvenreiche Strecke nach Caltabellotta. Trotzig und mit dem zerklüfteten Berg

Ansichtssache: Von den Stufen des berühmten Teatro Greco fällt der Blick auf Dörfer und Buchten zu Füßen des Musentempels.

Klassisch schön: Selbst als Ruinen haben die auf Sizilien hinterlassenen Bauwerke der Griechen nichts von ihrer Grazie, ihrer Würde und ihrer Kraft eingebüßt.

verwachsen, klebt der Ort steil über dem fruchtbaren Tal des Flusses Verdura. Von der strategisch wichtigen Lage der Gebirgsfestung wußten leider auch deren Feinde – und davon hat es im Laufe der Jahrtausende genug gegeben.

Heute sitzt der Feind mitten in der Stadt. Arbeitslosigkeit ist sein Name. Industrieansiedlungen liegen weit entfernt, und von der Schafzucht können nur noch wenige leben. Touristen wie wir verirren sich nur noch selten in den 750 Meter hoch liegenden Ort. Man ist mehr unter sich, als es den Menschen lieb ist – die Enklave bedeutet heute nicht mehr Schutz, sondern Isolation. Bei einem Spaziergang über die verwitterten Pflasterstraßen kommt trotzdem keine Traurigkeit auf. Die alten Männer vor den Bars und die Jüngeren, die ihre erzwungene Freizeit mit Spielautomaten totschlagen, grüßen uns immer sehr freundlich. Fast könnte man glauben, daß sie uns auch heute noch, ohne lang zu fragen, in ihren Mauern Schutz vor Feinden gewähren würden. Kaum ein anderer Platz scheint uns im Angesicht des weiten Landes rundum besser geeignet, über die Freiheit und ihren Preis zu sinnieren.

Tal der Tempel in Agrigent

Den krassen Gegensatz zu Caltabellotta lernen wir nach zwei Stunden Fahrt in Richtung Osten kennen. Eigentlich wollten wir uns in Agrigent viel Zeit nehmen, um uns im historischen Tal der Tempel umzuschauen. Doch ein Bus nach dem anderen schiebt sich vor das kurz zuvor noch friedlich wirkende Bild. Während zur Mittagszeit lähmende Hitze die Sinne verwirrt, schleppen sich Touristenkolonnen durch stolze, aber tote Monumente. Die furchtbare Hektik Agrigents und der überaus häßliche Industriehafen, der die Luft der ganzen Region verpestet, haben es uns auch nicht unbedingt angetan.

Überhaupt gefällt uns der Süden der Insel nicht ganz so gut, und so beschließen wir, lieber etwas mehr Zeit in den grüneren und von den Temperaturen her etwas angenehmeren Ost- und Nordteilen der Insel zu verbringen.

Die Altstadt von Syrakus

Gesagt, getan. So stehen wir schon am nächsten Tag in Syrakus – im Dauerregen! Für Sizilien überaus ungewöhnlich, aber hier ist alles möglich. Während einer kurzen Regenpause können wir uns zumindest die wunderschöne Altstadt von Syrakus und das berühmte Teatro Greco der Stadt anschauen. Die 42 von ursprünglich mehr als 60 Sitzreihen des griechischen Theaters wurden damals von Sklaven aus dem Fels herausgeschlagen. Noch heute werden in „geraden" Jahren zwei Monate lang antike Tragödien in italienischer Sprache gespielt.

Nicht ganz so antik ist die kleine Tragödie, die wir auf der Weiterfahrt nach Catania erleben. Wir geraten in ein gewaltiges Gewitter und können mitten auf der Autobahn plötzlich nicht einmal die eigene Hand vor Augen sehen. Unser strategisch günstig gewähltes Versteck unter einer Brücke erweist sich hinsichtlich der sintflutartigen Regengüsse als kapitales Eigentor. Innerhalb kürzester Zeit steht uns in der Senke das Wasser bis zu den Knien. Mit Hochwasser in den Stiefeln und ziemlich entnervt trudeln wir schließlich in Catania ein, der „schwarzen Tochter des Ätna" und eine der Hochburgen der Mafia.

Auf der Toilette eines recht noblen Cafés am Elefantenbrunnen, dem Wahrzeichen der Stadt, leeren wir zunächstmal unsere Stiefel aus und stopfen sie mit Papierhandtüchern aus, bevor wir uns in halbtrockener Frische auf einen Erkundungsgang durch das Zentrum begeben. Wir kommen nicht sehr weit, denn unmittelbar um die Ecke ist der große Fischmarkt Catanias, der mitten in der Atmosphäre von aus Lava und Basalt errichteten Barockhäusern die Feststellung vieler Sizilianer bestätigt, daß das Leben in Catania einem Tanz auf dem Vulkan gleicht.

Nirgendwo geht es temperamentvoller zu als im Schatten des feuer-

Frisch und lecker: Siziliens Märkte sind schon wegen der Qualität der Waren einen Besuch wert. Spaß macht die willkommene Abwechslung außerdem.

speienden Ätna. Das bunte Leben und Treiben inmitten der aufs appetitlichste arrangierten fangfrischen Waren, das Feilschen und Handeln in uralter Gebärdensprache, begleitet von den heiser geschrieenen Stimmen in unverständlichem Sizilianisch, kann man sich nicht entgehen lassen. Ein Feuerwerk aus Farben, Tönen und Gerüchen, ein Fest der Sinne – mediterraner Lebensstil vom Feinsten. Was macht es da schon, wenn sich plötzlich ein Schwall Wasser aus einem sorglos ausgeschütteten Bottich auf das ausgetretene Pflaster und unsere Stiefel ergießt – schlimmstenfalls holt man sich nasse Füße, und darin haben wir ja jetzt ausreichend Erfahrung.

Die majestätische Silhouette des Ätna

Noch zwei weitere Tage regnet es vom Himmel, bevor sich die Sonne wieder blicken läßt und wir voller Staunen sehen können, wo wir uns eigentlich befinden. Hoch über Catania thront die majestätische Silhouette des Ätna. Europas mächtigster Vulkan zieht nicht nur Regenwolken magisch an. Auch die Menschen unterliegen seit alters der Faszination von Mongibello, dem „Berg der Berge", wie die Sizilianer in einem lateinisch-arabischen Sprachengemisch ihren Riesen nennen. An Respekt hat man es dem Feuerspeier niemals fehlen lassen, der oft genug Tod und Verwüstung, jedoch mit Wasser und Erde auch Leben bringt.

Unser erster Versuch, den Vulkan zu erobern, scheitert kläglich. Nach einem Drittel der Strecke verschwindet er urplötzlich im Wolkennebel. Wir disponieren kurzfristig um und verbringen statt dessen einen Tag im Inland. Die Strecke führt uns über das malerische Bergdorf Agira nach Enna. An kaum einem anderen Ort läßt sich die Seele Siziliens so gut erspüren wie im einsamen Hügelland rund um den geographischen Mittelpunkt Enna, doch die unerträgliche Hitze und

Prägnant: Im Landesinneren geht es oft durch einsame Dörfer (oben). Und über allem thront der Ätna (linke Seite).

extrem diesige, stickige Luft verderben uns heute unsere Freude am Erleben dieser an Geschichte überreichen Stadt. Wie gelähmt bewegen wir uns nur eine halbe Stunde auf dem Castello di Lombardia, dem Denkmal für die Geknechteten aller Zeiten, bevor wir schließlich aufgeben und uns noch zu einem kurzen Abstecher zu den atemberaubenden Mosaiken der Villa Casale begeben. Doch auch hier ist es kaum angenehmer, und das enorme Touristenaufkommen läßt uns schnell weiterziehen.

Der nächste Morgen bringt uns endlich wieder einen strahlenden Sonnentag. In Rekordzeit haben wir unsere Sachen zusammengepackt und befinden uns diesmal schon viel früher auf dem Weg zum Gipfelsturm des schwarzen Riesen. Allein die Auffahrt zum Rifugio Sapienza ist schon ein echter Augenschmaus. Die Route führt durch sämtliche Vegetationszonen. Im subtropischen Klima am Fuß des Berges reifen saftige Früchte, knallig gelbe Zitronen und volle, schwere Trauben, die ebenso wie der herbe, erdig schmeckende Wein in alle Welt exportiert werden.

Auch unser zweiter Gipfelsturm scheitert

In den höher liegenden Regionen erfreut das ungewohnt zarte Grün der Kastanienwälder unsere Augen, ehe wir uns durch einen Waldgürtel aus Föhren, Pinien und Eichen dem hochalpinen Abschnitt nähern, in dem die Bäume verkrüppelter und windschiefer werden, je weiter sich die Straße emporwindet. Leider ist der enorme Wind dafür verantwortlich, daß auch unser zweiter Gipfelsturm scheitert. Zwar ist das Wetter klar und die Aussicht überwältigend, nur fahren weder die Seilbahn noch die allradgetriebenen Busse zur Gipfelregion. Der Aufstieg auf eigene Faust ist nach mehreren Todesfällen streng verboten.

Erstaunlicherweise sind wir weniger enttäuscht als wir angenommen hatten. Zum einen haben wir einzigartige Erfahrungen mit Vulkanen schon anderswo auf der Welt gemacht, zum anderen ist die Route rund um den Ätna für uns die schönste Strecke, die wir in ganz Sizilien fahren dürfen. Besonders das Stück zwischen Milo und den Refugien Citelli und Conti reißt uns immer wieder zu Freuden-

sprüngen hin. Die wildromantische Landschaft, geprägt durch die farbenfrohe Vegetation, das mystische Schwarz der Ätna-Lava, die hier alle Erdschichten zu durchdringen scheint, und das mächtige Antlitz des mit einem Schneehut versehenen, ständig rauchenden Ätna, symbolisiert für uns die Urkraft des Lebens, die immer wieder der Zerstörung trotzt. Wie gerne würden wir in dieser Region noch etwas mehr Zeit verbringen, doch der viele Regen hat uns viel Zeit gekostet, und wir möchten noch etwas vom Nordosten Siziliens sehen.

Teatro Greco – eines der schönsten Theater der Welt

Die Meerstraße entlang der Nordostküste der Insel erweist sich als ausgesprochen schön. Wir sind froh, diese Entscheidung getroffen zu haben. Als kulturellen Höhepunkt unserer Reise erleben wir das laut Goethe „schönste Teatro Greco der Welt" in Taormina. In der Tat läßt

Türkisfarbenes Wasser, darüber ein blauer Himmel: So schön kann Urlaub auf Sizilien sein.

MDS
Africa Twin

Erholsam: Zahlreiche Fischerdörfer Siziliens laden mit einem feinen Sandstrand zur sonnigen Rast.

einen alleine schon die atemberaubende Lage des geheimnisvoll anmutenden Theaters ins Schwärmen geraten. Hoch oben auf einem Felssockel thront es über der Stadt, im Hintergrund der rauchende Schicksalsberg Ätna. Die Phantasie springt an, wird getragen von optischen Genüssen, und schon fühlt man sich mitten in der Vergangenheit.

Auch die Akustik in der Arena, die einen Durchmesser von 109 Metern aufweist, ist phänomenal. Vogelstimmen und Naturgeräusche, Musik und Umgebung verschmelzen miteinander. Wäre das verträumt verwinkelte und malerisch gelegene Taormina nicht touristisch schon so überlaufen, wäre es sicherlich einer der schönsten Urlaubsfleckchen der Insel. Leider haben auch wir nicht mehr viel Zeit zum Baden; so langsam aber sicher müssen wir uns auf den Rückweg zur Fähre nach Palermo begeben.

Die „Mumien von Savoca"

Auf dem Weg nach Norden unternehmen wir nur noch einen kurzen Abstecher zu den Mumien in den Katakomben des berühmt-berüchtigten Bergdorfes Savoca, in dem unter anderem auch viele Szenen des Mafiafilmes „Der Pate" gedreht wurden, bevor wir fast in einem Zug über Messina und entlang der stürmischen Nordküste in das schönste Fischerstädtchen Siziliens fahren, Cefalù. Die vor Hitze flirrende Luft bringt sogar den mächtigen Felsen von Cefalù zum Erzittern, der wie das Haupt eines Riesen den berühmten Ort mit seinen arabischen Gäßchen und gepflegten Restaurants überragt. Am traumhaften Sandstrand genießen wir unseren letzten Tag auf der Insel.

Pünktlich zum Sonnenuntergang setzen wir uns auf die Hafenmole und beobachten das faszinierende Farbenspiel an den pittoresken Häusern der Hafenfront von Cefalù. Erinnerungen an einen Zeitungsartikel kommen uns in den Kopf, den wir kurz vor unserer Abreise gelesen haben: „Dritte Welt am Ende Europas, wo neben dem allmächtigen Paten der ehrenwerten Gesellschaft zu allem Überfluß noch ein feuerspeiender Vulkan Angst und Schrecken verbreitet...", hieß es darin. Wir müssen lachen. Ein schlechter Ruf hat durchaus seine Vorteile. Sizilien blieb nicht zuletzt deshalb bisher vom Massentourismus verschont, der so viele Küsten des Mittelmeeres unwiderruflich zubetoniert hat.

Die Schönheit bewahrt

Die Insel aber bewahrte ihre Schönheit für jene Reisenden, die mit der Seele nach Goethes Land der blühenden Zitronen suchen – und vielleicht das Ziel ihrer Urlaubsträume finden. Denn wie sollte man sich den zarten Mandelblüten vor dem verschneiten Ätna-Massiv entziehen, wie den rauhen Felsküsten und ihren malerischen Sandstränden, wie den prunkvollen Villen und alten Tempeln? Sizilien kann man nur erliegen.

ALLGEMEINES

Trinacria, die drei Vorgebirge, nannte Homer das von drei Meeren umspülte und von drei Gebirgszügen beherrschte dreieckige Eiland.
Von Ost nach West durchziehen die Gebirgsstöcke Peloritani, Nebrodi und Madonie die Insel, die nur zu 24 Prozent aus Ebenen, 58 Prozent aus Hügelland und 18 Prozent aus Bergregionen besteht. Mit einer Ausdehnung von 25 708 Quadratkilometern ist Sizilien die größte Insel des Mittelmeeres.
Als Brückenkopf zwischen Europa und Afrika ist Sizilien im wahrsten Sinne des Wortes ein schwimmendes Eiland, das keineswegs fest zwischen dem Tyrrhenischen, Ionischen und Afrikanischen Meer verankert ruht. Immer wieder wird es von Erdverschiebungen heimgesucht, die jedoch genausowenig eine ernste Gefahr darstellen wie Europas größter aktiver Vulkan, der 3400 Meter hohe Ätna. Jeder Ausbruch eröffnet neue Krater, jede Eruption verwandelt die Landschaft, nur seinen Schrecken für die Bevölkerung hat der Ätna weitgehend verloren.
Die rund fünf Millionen Sizilianer sind ein recht eigenwilliges Volk. Etwa 95 Prozent bekennen sich zum römischen Katholizismus. Der Rest splittet sich in Griechisch-Katholische, Griechisch-Orthodoxe und diverse Sekten (Mormonen u.a.) auf. Das Verhältnis der Sizilianer zu Rom und dem Vatikan ist jedoch von jeher ein zwiespältiges, denn von Rom ließ man sich noch nie gerne etwas vorschreiben.

KLIMA UND REISEZEIT

„Im Frühjahr zum Staunen, im Herbst zum Genießen", notierte schon der berühmteste Sizilienreisende Goethe vor mehr als 200 Jahren. Wenn die an Pflanzenarten reichste mediterrane Insel in einem Blütenmeer explodiert, wenn das Gold der Mimosenbäume vom strahlenden Sonnengelb des Ginsters abgelöst wird und mit dem Rosaweiß der Zitronen- und Orangen-, Mandel- und Kirschbäume wetteifert, ist die Insel am reizvollsten.
Im Herbst wiederum, wenn der Touristenspuk weitgehend vorbei ist, räkelt sich das gesamte Land gleichermaßen genußvoll wie erschöpft und läßt den Gast an seiner Freude über die Ruhe nach dem Sturm teilhaben. Durch das mediterran-nordafrikanische Klima fällt das Thermometer in Sizilien auch im Winter selten unter 15 Grad und macht die Insel damit fast ganzjährig bereisbar. Auf Badefreuden muß jedoch mindestens bis Anfang Juni verzichtet werden.

ATTRAKTIONEN

Kaum zu glauben, aber die größten, schönsten und am besten erhaltenen hellenischen Heiligtümer befinden sich nicht in Griechenland, sondern auf Sizilien. Mit den großartigen Tempeln von Agrigent, Selinunt und Segesta kann das gute alte Hellas leider nicht mithalten. Das Glanzstück der Spätantike stellt die Villa Romana del Casale mit Ihrem Mosaikschmuck aus dem 3./4. Jahrhundert n.Chr. bei Piazza Armerina im Landesinnern dar, und sogar von der arabischen Epoche künden noch einzelne Monumente aus Stein.

Das sizilianische Highlight an Aktivitäten ist sicherlich der einzigartige Ätna. Per Seilbahn, Bus oder per pedes kann man fast bis zum Gipfel gelangen – von hier aus geht es nur noch mit geführten Touren oder auf eigenes Risiko weiter. Nicht nur die Ausblicke in den Krater sind im wahrsten Sinne des Wortes atemberaubend. Daneben bieten sich in Sizilien zahllose Möglichkeiten zum Segeln, Golfen, Trekken und für sehr schöne Radtouren.

ESSEN

Die sizilianische Küche kann mit allen Köstlichkeiten aufwarten, die auch die italienische zu bieten hat – und noch ein bißchen mehr. Natürlich stehen dabei Fischgerichte im Mittelpunkt. Schwertfisch (pesce spada) gilt als Spezialität Ostsiziliens. Ob als Scheibe gegrillt, als involtini (kleine Rouladen) gefüllt, gerollt oder gar geräuchert – gekonnt zubereitet ist er ein wahrer Gaumenschmaus und nicht zu teuer. Sarde a becafico (gebackene Sardine mit Pinienkernen, Rosinen und vielen Kräutern gefüllt), ursprünglich aus Palermo kommend, hat seinen Einzug auf der ganzen Insel gehalten. Aber auch der von der afrikanischen Küste importierte Couscous (Eintopf mit Fisch, Gemüse und Gries) oder die köstliche Vorspeise caponata (gewürfelte Auberginen) sind nicht zu verachten.

NIGHTLIFE

Das Nachtleben Siziliens konzentriert sich im wesentlichen auf die Hafen- und wenigen Großstädte sowie natürlich auf die Touristenzentren an der Nord- und Ostküste der Insel, wie Castellammare die Golfo, Cefalù und Taormina.

GELD/KOSTEN

Banken, um italienische Lire zu wechseln, finden sich überall in den sizilianischen Urlaubsorten. Das Einlösen von Euro- und Travellercheques (Eurocheques bis maximal 300 000 Lire) ist gar kein Problem, zum Geldabheben stehen rund um die Uhr auch ec-Geldautomaten zur Verfügung. Kreditkarten werden in den meisten Hotels, Restaurants und Geschäften akzeptiert. Devisen können in unbegrenzter Höhe eingeführt und bis zu einem Betrag von 20 Millionen Lire wieder ausgeführt werden. Die Lebenshaltungskosten sind mit denen in Deutschland vergleichbar. Der Eintritt zu Sehenswürdigkeiten ist günstig, manchmal sogar kostenlos.

HOTELS

Generell kann man überall, in allen Preisklassen und ohne langfristige Vorbestellung in Hotels, Pensionen, Privatzimmern, Ferienclubs oder auf den zahlreichen Campingplätzen übernachten, es sei denn es ist Hauptsaison. Rund um Ostern und ebenso im August ist weder mit viel Geld noch ebensolchen Worten ein Bett zu haben. Manche Campingplätze sind recht teuer (bis 35 Mark); da lohnt es sich ab und an schon mal, gleich nach einem der günstigen Hotels zu fragen.

President, Via Francesco Crispi 228, Palermo, Tel.: +39 (91) 6256176, Fax: 342139.
Vom Dachrestaurant gibt es eine Traumaussicht auf den malerischen Hafen, DZ ab 120 000 Lire.

Sole Grande Albergo, Corso Vittorio Emanuele 291, Palermo, Tel.: +39 (91) 581811, Fax: 6110182.
Traditionsreiches Haus nahe dem Quattro Canti, DZ ab 60 000 Lire.

Belvedere Oasi del Golfo, SS 187 km 37, Castellamare del Golfo, Tel.: +39 (924) 33330, Fax: 31529.
Einfache, aber sehr saubere Zimmer mit traumhaftem Panoramablick, DZ ab 60 000 Lire.

Garzia, Via Pigafetta, 91020 Marinella di Selinunte, Castelvetrano, Tel.: +39 (924) 46024, Fax: 46196.
Ganzjährig geöffnet, bestens geführter Familienbetrieb mit guter Küche, DZ ab 60 000 Lire.

Palace Hotel, Viale Scala Greca 201, Syracus, Tel.: +39 (931) 491566, Fax: 491700.
Modernes Haus mit allem Komfort, große Parkplätze, DZ ab 120 000 Lire.

Villa Belvedere, Via Bagnoli Croci 79, Taormina, Tel.: +39 (942) 23791, Fax: 625830.
Gemütliches Haus, perfekter Service, Swimmingpool, DZ ab 60 000 Lire.

Paradiso Club, Via dei Mulini 18, Cefalù, Tel.: +39 (921) 23900, Fax: 23990.
Moderne Hotelanlage oberhalb der Stadt mit Transferservice zum Strand, DZ ab 70 000 Lire.

Für Naturliebhaber empfiehlt sich ein Mietwohnwagen auf einem der meist hübsch gelegenen Campingplätze. Über ADAC-Reisen gebucht belaufen sich die Kosten für zwei Personen in der Nebensaison ab 341 Mark pro Woche.

Liparische Inseln
Stromboli
Basiluzzo
Panarea
Lipari
Salina
Lipari
Vulcano
Filicudi
Alicudi
Ústica
Ägadische Inseln
Lévanzo
Favignana
Maréttimo
Isola Grande
Reggio di Calabria
Capo Rasocolmo
Meerenge von Messina
Messina
A 18
Monti Peloritani
Itàla
SS114
Taormina
Riposto
Acireale
Catania
Capo di Milazzo
Milazzo
Golf von Patti
Patti
A 20
Capo d'Orlando
Bronte
Ätna 3323
Adrano
Monti Nebrodi
S. Fratello
Alcantara
Lago di Pozzillo
SS121
Agira
Mistretta
Salso
Nicosia
Monti Madonie
Castelbuono
Cefalù
Leonforte
Enna
Valguarnera
Piazza Armerina
Lago di Ogliastro
SS417
Caltagirone
Golf von Catania
SS114
Lentini
Capo S. Croce
Augusta
Sortino
Floridia
Syrakus
Canicattini
Monti Iblei
Vizzini
SS514
Ragusa
Mòdica
Vittoria
Scicli
Pozzallo
Tellaro
SS115
Avola
Noto
Capo Murro di Porco
Golf von Noto
Pachino
Capo Passero
Capo Scaramia
SS115
Gela
Golf von Gela
SS117
Gela
Mazzarino
Caltanissetta
Licata
A 19
SS121
S. Cataldo
SS640
Canicattì
Caltavuturo
Golf von Termini Imerese
Termini Imerese
Bagheria
A 20
Palermo
Càccamo
Lercara Friddi
SS189
Platani
Agrigent
Capo Rossello
Prizzi
Cammarata
Corleone
S. Angelo Muxaro
SS115
M. Pellegrino
Capo Gallo
Monreale
Carini
Punta Raisi
Partinico
A 29
SS624
Ribera
Capo Bianco
Sciacca
Capo S. Marco
Gibellina
Belice
Golf von Castellammare
Alcamo
Castellammare
Capo S. Vito
Calatafimi
A 29
Salemi
Castelvetrano
Selinunt
Trapani
Favignana
Marsala
SS115
Mazara del Vallo
Capo Granitola
Mittelmeer
N
0
18 km

Pistenträume

Biker's Dream: Die 48 Kehren des Colle di Tende sind ein Festmahl für Motorradfahrer.

Von Rolf Lüthi

Zwölf Jahre ist es her, als wir das erstemal im Dorf Fenils abbogen und den Rumpelpfad hinauf zum Mont Chaberton unter die Räder nahmen. Damals gaben zwei Fahrerinnen unterwegs auf – eine ehrenvoll mit kochendem Motor, die andere wegen spontan auftretender Schotter-Phobie. „Diesen blöden Berg fahr ich nie mehr hoch", quengelte sie später. Ihr Motorrad-Lebensweg nahm danach eine Wendung, weg von Schotter und Stollenreifen.

Auch wir haben ihn damals nicht gesehen, den Gipfel aller Offroad-

Die italienische Alpengrenzregion im Piemont war einst ein Enduro-Paradies. Mittlerweile sind viele der legendären Strecken gesperrt. Der Motorrad-Tourismus hat Spuren hinterlassen.

Träume. Es war Juli, und am Zwischensattel war auf 2600 Metern Höhe Schluß. Ein unüberwindbares Schneefeld versperrte den Weg. Wir sind im Gegensatz zu oben erwähnter Dame aber noch oft zurückgekehrt an „diesen blöden Berg".

Sprichwörtliches Highlight

Wer vom italienisch-französischen Grenzgebiet in den Seealpen erzählt, wird nur in Endurofahrerkreisen auf verständige Mienen stoßen. Fällt jedoch der Name Mont Chaberton, dann wissen selbst viele Straßenfahrer, welche Region damit gemeint ist. Dieser legendäre Berg gilt mit einer Höhe von 3136 Metern als der höchste per Motorrad erreichbare Ort in den Alpen.

Anreise

Wer über die Schweiz anreist, wählt am besten folgende Route: Großer St. Bernhard – Kleiner St. Bernhard – Col de l'Iséran – Col du Mont Cenis – Susa. Oder man nimmt die Alternativstrecke über die Autobahn bis Mailand und weiter über Novara nach Turin und dann nach Susa.

Auf dem Gipfel befindet sich eine längst nutzlos gewordene Festungsanlage. Auf den auch vom Tal aus sichtbaren Türmen waren Kanonen postiert, mit denen Benito Mussolinis Soldaten im Zweiten Weltkrieg ins Hinterland Frankreichs zielten. Die Festung spielte aber nie eine strategisch entscheidende Rolle. Nach dem Krieg wurde die Grenze korrigiert; von da an befand sich die Festung auf französischem Terrain.

Die Zufahrt erfolgte von Italien aus. Man fuhr auf den Gipfel und mußte auf gleichem Weg wieder zurück, doch das ist für die Bergsteiger etwa in der Eigernordwand nicht anders. Schlimme Geschichten ranken sich um den Chaberton. Von Motorrädern, die auf dem Gipfel beschlagnahmt und per Helikopter ins Tal geflogen wurden, von saftigen Bußgeldern und genervten Anwohnern. Wir waren vor drei Jahren zuletzt oben, an einem Wochentag im Herbst, und keinen Carabiniere hat das interessiert.

Übernachtet haben wir unten im Tal. Sicherheitshalber erkundigten wir uns bei den Einheimischen nach dem aktuellen Stand der Dinge. Die Lage ist aber heute derart angespannt, daß man lieber auf einen Gipfelsturm verzichten oder zumindest bei den Carabinieri nachfragen sollte.

Ob die zehn Kilometer nach oben mörderisch oder einfach unterhaltsam sind, ist wie vieles im Leben relativ. Als wir noch dem Gott des Hubraums huldigten, fuhren wir zu zweit auf einer R 80 G/S da hinauf, was zugegebenermaßen nicht ganz einfach war. Einige Jahre später, in einer Geländeschule namens „Schweizer Enduromeisterschaft" um einige Erfahrungen reicher geworden, fuhr ich mit einer serienmäßigen Cagiva W 16 bei sonnigem Herbstwetter in einem Zug hoch und schwitzte dabei kaum.

Nach der Pflicht die Kür

Das Nachtlager, vor dem Gipfeltrip auf den Chaberton irgendwo zwischen Cesana Torinese und Susa aufgeschlagen, war idealer Ausgangspunkt für andere Touren. Empfehlenswerte Übernachtungsmöglichkeit war der Campingplatz von Cesana, wo man auch im Oktober noch einen Platz fürs Zelt bekam und eine warme Dusche vorfand. Wer nicht sparen mußte, mietete sich in Cesana im Hotel Chaberton ein. Mit gepäckfreiem Motorrad erkundete man auf Tagestouren weitere Gipfel: Mont Jafferau, Monte Pramand, Colle Sommellier, Passo della Mulattiera, um nur einige zu nennen.

Detailliertere Routenbeschreibungen will ich hier aus philosophischen sowie umweltpolitischen Gründen nicht geben. Der Denzel, die Bibel der Alpenfahrer, und Karten in kleinem Maßstab (zum Beispiel von IGN oder vom Instituto Geografico Centrale) waren das Grundmaterial, das man benötigte, um Enduro-Träume wahr werden zu lassen.

Spuren des Enduro-Tourismus

Im allgemeinen sollte man bei Offroad-Touren stets mit mindestens zwei geländetauglichen Motorrädern unterwegs sein. Es wurden aber auch schon Straßenmaschinen etwa auf dem Mont Chaberton gesichtet. Unbestritten mehr Spaß macht eine Einzylinder-Enduro. Keinesfalls Ermessenssache ist das Fahren abseits der Wege. Eigentlich sollte ich hier eine flammende Ansprache halten gegen die, die neben den Pisten fahren. Doch dazu ist es speziell in dieser Region fast schon zu spät.

Atemberaubend: Solche Ausblicke kann man in den italienischen Alpen nur abseits regulärer Routen per Enduro ergattern.

In den letzten Jahren hat sich das Enduroparadies Piemont total gewandelt. Horden von Enduristen stürmten die Einsamkeit der Bergwelt. Die Hochtäler mit ihrer empfindlichen Vegetation waren vielerorts durchzogen von individuellen Alternativpisten aller Schwierigkeitsgrade. Für jede Haarnadelkurve gab es oft mehrere Abkürzungen – Schwierigkeitsgrad frei wählbar.

Die alpinen Pistenbauer machten sich damals vor dem Trassieren der

Pisten noch eingehend Gedanken über den idealen Streckenverlauf: Ein Fahrweg, der schnurgerade den Berg hochführt, wird bei der nächsten Schneeschmelze ausgewaschen. Das Wasser frißt tiefe Gräben in den Berg und schwemmt die dünne Humusdecke ins nächste Bachbett. Heute ist es müßig, darüber zu lamentieren, wer

Rustikal: Mangels passender Herbergen bleibt den Gipfelstürmern im französisch-italienischen Grenzgebiet (rechte Seite) nur das Campen zur Nacht übrig (rechts).

diese Gebiete hier oben so zugerichtet hat. Fest steht, daß es jedenfalls nicht die einheimischen Endurofahrer mit ihren kreischenden Zweitaktern waren – die sind schon Jahrzehnte zuvor über Alpenpisten geheizt und haben keine nachhaltigen Spuren der Zerstörung hinterlassen.

Über viele Pässe mußt du geh'n

Weniger ausgetreten sind zwei echte Klassiker, die über eine längere Distanz führen: die Assietta-Kammstraße und die ligurische Alpen-Grenzkamm-Höhenstraße. Beide Höhenstraßen führen über mehrere Pässe und sind auch mit einer leichten Straßenmaschine zu schaffen – leider sind heute schon Streckenabschnitte der Assietta gesperrt. Hier oben kam uns sogar einmal eine Honda Gold Wing entgegen. Dieser Optimismus ist allerdings nur bei schönem Wetter und trockener Piste angebracht.

Ich bin Mitte Oktober mit der GS einmal regelrecht über die Assietta gerodelt, bei Nebel und Graupelschauern – eine Schlammschlacht ohnegleichen. Was hätte ich da für eine leichte, handliche 250er Zweitaktmaschine gegeben. Dazu kaum Sicht, an jeder Abzweigung Rätselraten und ein paar – wenn auch harmlose – Ausrutscher. Entschädigt wurde ich mit einem einzigartigen Erlebnis, das nur schwer in Worte zu fassen ist. Ich war absolut allein mit mir und der Welt, und das – man mag's kaum glauben – mitten in Europa.

Von Norden her kommend steigt man über den asphaltierten Colle delle Finestre in die Assietta ein. Dann überquert man sage und schreibe neun Pässe, bevor die Straße nach 35 Kilometern wieder nach Sestriere hinunterführt. Wer vorher bereits genug hat, braucht sich nicht weiterzuquälen: Zahlreiche ausgebaute Seitenpisten führen hinunter ins Chisone- oder Susatal. Man kann also jederzeit abbiegen und auf harmlosen Asphalt

zurückkehren. Andere Gipfelstürmer meinen, daß man ab Sestriere in die Assietta einsteigen solle, weil man dann bergauf Schotter fahren kann. Wie sprach doch der Hauptmann der glorreichen Schweizer Einheit, die ziellos durch die Gegend irrte: „Man kennt eine Landschaft erst, wenn man sie in beiden Richtungen durchschritten hat!" Recht hat er, wobei ich ehrlich gesagt lieber fahre als gehe.

Rast vor dem Einstieg in die ligurische Grenzkammstraße

Auf der ligurischen Alpen-Grenzkamm-Höhenstraße, erbaut zwischen den Weltkriegen, patrouillierte die italienische Armee die Grenze zu Frankreich. Später wurde das unübersichtliche Straßengeflecht drumherum von Schmugglern genutzt, in neuerer Zeit kamen Geländefahrer auf zwei und vier Rädern hinzu. Vor dem Einstieg in die ligurische Grenzkammstraße bietet sich ein Rasttag an, zum Beispiel in Limone Piemonte, südlich von Cuneo. Von dort aus kann man einen Teil der Nebenpisten erkunden, den Mont Chajol und den unvergeßlichen Colle di Tende mit seinen 48 übereinandergestapelten Kehren.

Für die Grenzkammstraße sollte man sich mindestens einen Tag Zeit nehmen, am Morgen also früh losfahren. Mit 85 Kilometern ist es die längste der ehemaligen Wehrstraßen. Kurz vor der Tende-Paßhöhe zweigt man links ab. Der Weg führt durch praktisch unbesiedeltes Gebiet hinauf auf

2000 Meter über dem Meeresspiegel. Wer die Stichstraßen zur Cima die Marte und zum Monte Saccarello noch erkunden will, wird wohl besser zwei Tage einplanen. Hier fährt man über zwölf Pässe und kommt, um wohl unvergeßliche Eindrücke bereichert, in Pigna (an der Nebenstraße nach Ventimiglia) wieder auf Asphalt.

Betonklötze: Festungsanlagen entlang der Grenzkämme – wie die am Mont Chaberton – gehören zur Hinterlassenschaft eines nicht immer so einigen Europas.

Nur 30 Kilometer von der hektischen Riviera entfernt genießt der Motorradwanderer die Faszination der Alpen. Gut ausgerüstete Camper sollten sich unterwegs zum Zelten entschließen. In der Nacht wird es auf dieser Höhe bitterkalt. Proviant müßte mitgeführt werden, was das Gewicht des Motorrads unweigerlich in die Höhe treiben würde. Eine gute Alternative ist, die Tour hier zu unterbrechen, indem man die Hauptroute verläßt und über Schotterpisten ins Tal nach Monesi oder La Brigue fährt. Anderntags steigt man wieder auf und setzt die Reise fort.

Als Alternativen eignen sich drei Täler nordwestlich von Cuneo: Valle Stura, Maira und Vareita (von Süden nach Norden). Zwei Pisten (Maira-Vareita-Kammstraße und die Maira-Stura-Kammstraße) verlaufen auf den Höhenzügen zwischen den Tälern. Es empfiehlt sich, das Nachtlager im mittleren Valle Maira aufzuschlagen, um von dort aus Tagestouren in die Umgebung zu starten.

Im weiteren Verlauf könnte man schließlich weiterziehen ins östlich gelegene Piemont. Das ist zwar landschaftlich weit weniger spektakulär, dafür sind die fahrerischen Anforderungen im Unterholz der oftmals nebelverhangenen Eichenwälder weit höher. Und die Piemonter Küche nach einer ausgiebigen Enduro-Schiebetour schmeckt gleich noch tausendmal besser.

Selbstbeschränkung der Enduristen ist wichtig

Aller Erfahrung nach hat man nach einer Woche Schotterstraßen-Schüttelei genug. Der Erkundungsdrang läßt nach, und man nimmt die landschaftlichen Highlights nicht mehr gebührend wahr. Außerdem kann es ein fataler Fehler sein, sich zuviel vorzunehmen. Die Konzentration läßt nach, Stürze und Verletzungen sind dann programmiert. Während man für die Anfahrt in die Zielregion Tagesetappen von 750 Kilometern einplanen kann, ist eine Tagestour von 150 Kilometern auf den geschotterten Alpenpisten vor Ort auch für geübte Fahrer das absolute Maximum des Vertretbaren. Ratsamer sind Strecken um die 100 Kilometer sowie regelmäßige Pausen zur eigenen Stärkung und Würdigung der Bergwelt. Gemütliches Endurowandern ist angesagt, allein um der Diskussion über die drohenden Sperrungen nicht noch mehr Nährboden zu liefern.

Der Durst nimmt zu

Auch das Motorrad wird anders beansprucht als üblich, und der Durst des Gefährts nimmt zu. Daher muß bei einer leichten Einzylinder-Enduro mit empfehlenswertem kleinen Serientank fast bei jeder sich bietenden Gelegenheit Benzin nachgefüllt werden. Da die Italiener bei schönem Wetter die ganze Familie ins Auto packen, um über die Alpenpisten zu schleichen, planen Endurofahrer für die Erkundung der Bergwelt am besten fünf Tage (von Montag bis Freitag) ein. Die Wochenenden gehen für die An- und Abfahrt drauf. Ideal wäre die Anreise mit Lieferwagen oder Anhänger, weil man dann die Bereifung des Motorrads von vornherein für den Schottereinsatz auslegen kann. Für viele Motorradfahrer kommt jedoch nur die Anreise per Motorradachse in Betracht. Sie müssen eine Kompromißbereifung wählen, die bei Regen das Vorankommen erschwert. Dann werden die Schotterpisten zur Bob- und Rodelbahn.

Unter dem Strich ist es schwierig, Prognosen oder Empfehlungen abzugeben. Die aktuelle Lage kann sich ständig ändern. Fakt ist, daß das Gebiet durch den Enduro-Massentourismus stark gefährdet ist und jedes Fehlverhalten zu weiteren Konsequenzen führen kann. Rücksichtnahme ist oberstes Gebot, wenn das ehemalige Enduro-, aber eben auch Naturparadies nicht sterben soll.

Endurofahren in der Grauzone

Mehrere der hier erwähnten Strecken (so auch der Mont Chaberton) sind bereits mit einem Fahrverbot belegt. In früherer Zeit bedeutete dies: Befahren auf eigene Gefahr. Schwarze Schafe haben aber wieder einmal dem Ruf der Allgemeinheit geschadet und diese dadurch um ein Vergnügen mehr gebracht. Es ist mittelfristig zu erwarten, daß auch in Italien die Akzeptanz des Endurofahrens allmählich dahinschwindet. Am Gardasee ist das bereits der Fall. Hier muß man bei Nichtbeachtung mit empfindlichen Strafen rechnen. Ein gewisses Maß an Italienisch-Kenntnissen ist Grundvoraussetzung, um Mißverständnissen vorzubeugen. Man bewegt sich beim Endurofahren in dieser Region in einer Grauzone. Um es auf den Punkt zu bringen: Endurofahrer, die dem besuchten Gebiet Devisen bringen, sind verständlicherweise beliebter als autonome Steppenwölfe.

Auf Eselpfaden

Auf Sardinien können Endurofahrer noch das Abenteuer finden, das sie auf dem Festland so oft vermissen.

Von Rolf Lüthi

Endlose Weite: Die Aussicht über die zweitgrößte Mittelmeerinsel (großes Bild) ist der Lohn für die Plackerei durch das wilde Gelände Sardiniens (rechts).

Die ersten sonnigen Tage des Jahres, und was macht der Endurofahrer? Er sitzt und schwitzt im heißen Auto und fährt am Wochenende hinüber ins flimmerndheiße Italien. Den Anhänger im Schlepptau, darauf gut vertäut das Motorrad. Verrückt.

Im Fährhafen von Civitavecchia, etwa 80 Kilometer vor Rom, warten schon weitere Verrückte. KTM-Fahrer aus Deutschland, Österreich und der Schweiz nehmen an einer Reise der KTM-Adventure Tours teil. Auf der Fähre von Civitavecchia nach Cagliari befinden sich Hunderte von Soldaten. Wir unken, man habe sie wohl zu unserem Schutz abgestellt. Im Hinterland von Sardinien, so erzählen jedenfalls die Norditaliener, soll es ja von Banditen nur so wimmeln.

Nach einer friedlichen Nacht auf hoher See werden die Zweirad-Gladiatoren im Hafen von Cagliari von Reiseleiter Fabio Fasola und Ilona Schmidmaier, einer Art Managerin des kollektiven Wohlbefindens, empfangen. Die Armee verdrückt sich diskret, während wir, um uns an die italienische Lebensart zu gewöhnen, erst mal einen Espresso an der nächsten Bar schlürfen. Dann macht sich die „Wilde Reiter GmbH" auf den rund 50 Kilometer langen Asphaltweg in den Feriendorfkomplex Laguna Chia, der Basisstation für diese Tour.

ANREISE

Entweder über den Gotthard (bei Anreise durch die Schweiz) oder den Brenner (via Österreich) bis zum Fährhafen von Civitavecchia, etwa 80 Kilometer vor Rom. Mit der Fähre nach Cagliari, wo die Teilnehmer in Empfang genommen und zum Feriendorf Laguna Chia gebracht werden.

Unter Ilonas gestrengen Blicken

Am Nachmittag, nach einer ersten ausgiebigen Kalorienaufnahme in drei Gängen, wird es ernst. Unter den gestrengen Blicken von Ilona haben wir auf einer unmittelbar vor dem Hotel abgesteckten Sonderprüfung unser fahrerisches Können abseits befestigten Untergrunds zu beweisen. Auch wenn man mental auf ganz andere Verhältnisse vorbereitet war: Selbst eine zerfurchte Schlammpassage fehlt nicht, zerfurcht genug, die Gruppe in zwei Teile zu selektionieren.

Um die so vorgenommene Grupeneinteilung zu prüfen, geht es gleich auf eine Endurotour über mit Geröll durchsetzte Eselpfade. Nebenbei lernen wir noch den typischen Sandbelag Sardiniens kennen: harter Untergrund, darüber grobkörniger Sand. Das ist so rutschig wie schmieriger Lehmboden.

Chris Attiger hat schon 1989 zusammen mit Fabio die Adventure Tours begründet – damals noch ohne KTM. Das Unternehmen wuchs stetig. Heute sind die Adventure Tours in die Firmenphilosophie von KTM integriert, und Chris ist Geschäftsführer der KTM-Sportabteilung. Die Ausweitung des einst auf Elba begonnenen Programms nach Sardinien begründet er schlicht: „Wir müssen ja auch den

Kunden etwas Neues bieten, die schon einige Male mit uns auf Elba waren."

Die Touren stehen aber nicht nur Besitzern von KTM-Bikes offen: Jeder kann teilnehmen, für die meisten Termine sowohl auf Elba als auch auf Sardinien können KTM-Maschinen geliehen werden.

Fabio hat für diese Tour einheimische Enduristen als Guides verpflichtet. Dazu hat er selbst einen Monat lang Staubstraßen und Eselpfade erkundet und dabei durchgängige Passagen entdeckt, die nicht einmal die Lokalmatadore kannten. „Wir haben ohne Probleme Bewilligungen bekommen und sind weniger Einschränkungen unterworfen als auf Elba", freut sich Fabio.

Eine Sonderprüfung gleich neben dem Hotel wäre auf Elba undenkbar. Außerdem ist Sardinien natürlich weitläufiger, alles ist etwas größer anzulegen, die Tagesetappen sind länger und anspruchsvoller. Nicht einmal zum Mittagessen wird hier das Hotel angesteuert – es wäre zu weit entfernt. Motorräder und Fahrer sollten deshalb in einem Topzustand sein, bevor sie sich an das sardische Offroad-Abenteuer wagen.

Ein übliches Tagesprogramm: Zunächst ist Driften auf schönen Feldwegen angesagt.

Himmlisch, wie die jodeln!

Ein übliches Tagesprogramm gefällig? Morgens, zum Eingewöhnen, wiegt einen die Crew noch in Sicherheit. Driften auf schönen Feldwegen ist angesagt, dann eine 30 Kilometer lange Etappe über eine reichlich breite und topfebene Schotterpiste. Die Motoren heulen durch die Oktaven wie einst Jimi Hendrix auf seiner Fender Stratocaster. Als Tonerzeuger dienen uns 250er Zweitakter. Himmlisch, wie die jodeln!

Dann geht es zur Entspannung an den Strand – nicht zum Baden, sondern zum Fahren. Eine Vergaserpanne nach der Durchquerung von Cagliari verhagelt uns den Lunch. Es reicht nur noch zu Sandwiches an der Bar.

Auch danach kommen wir nicht so recht voran. Eine der Maschinen säuft wie ein Loch. Der Tank ist leer, die nächste Zapfsäule aber immer noch 20 Kilometer entfernt. Mit einer Trinkflasche wird umgeschüttet, alle gehen zur Hand, jeder möchte helfen. Ein gruppendynamischer Prozeß, für den gestreßte Manager in speziellen Seminaren reichlich zahlen müssen. Bei Fabio gibt es so etwas als kostenlose Beigabe zum Reiseprogramm.

Nach einigen landschaftlichen Zusatzschlaufen stellen wir die Maschinen zur Nacht bei einem Händler in Cagliari unter. Der Rücktransport zum Hotel wird vom Meister Fabio persönlich in einem arg überfüllten Kleinbus vorgenommen. Schon nach kurzer Fahrt läßt sich der penetrante Geruch verbrannten Gummis bei aller Liebe nicht mehr nur auf seine Fahrweise zurückführen. Der platte Pneu ist nicht länger zu ignorieren. Und auch bei dieser Gelegenheit ist niemand dem Spaßvogel Fabio ob der unplanmäßigen Verzögerung böse. Im Gegenteil: Der fällige Reifenwechsel gerät zum fröhlichen Volksfest.

Jeder möchte helfen: Pannen werden zum gruppendynamischen Prozeß, für den gestreßte Manager in speziellen Seminaren ein Vermögen zahlen müßten (oben).

Anderntags drängt die Meute schnell auf Abfahrt. Doch der Ehrgeiz der Ungeduldigen ist schnell gekühlt. Nach dem Einfahren auf staubigen Pfaden dringen wir rasch ins sardische Hinterland vor. Das niedrige Macchia-Gestrüpp, mit dem die Hügel überzogen sind, bietet kaum Schatten. Wir biegen ein auf einen weiteren Geröllpfad. Lose angeordnete, faustgroße Steine bilden die Fahrbahn, pausenlos muß das Motorrad aufgefangen wer-

Lernen vom Meister: Fabio Fasolo unterweist in der Kunst des Offroad-Fahrens.

den. Fabio schafft Motivation: „Jetzt ist es nicht mehr weit bis zu einer klimatisierten Bar, und die Töchter des Hauses warten seit Jahren schmachtend auf uns. Also, Beeilung!"

Am nächsten ebenen Fleckchen Erde prophezeit er gerade noch eine Dorfbar hinter der nächsten Biegung;

Die Esel sind wir: Das denkt sich so mancher, wenn es mit Karacho über die staubigen Eselpfade Sardiniens geht.

von den Töchtern spricht er schon nicht mehr. Beim folgenden Erschöpfungshalt prophezeit er in Kürze kühles Wasser. Etliche Schweißrinnsale später tröpfelt es endlich erfrischend aus einem schlichten Röhrchen. Die Rettung; Fabio hat es nur ein wenig ausgeschmückt. Einer will schon aufgeben, sich für die andere Gruppe melden. „Warum", fragt Fabio scheinheilig, „war die Strecke zu einfach?"

Bescheiden sei der Mensch, sparsam und genügsam, und so setzen wir wunderbar erquickt die Reise fort. Armando, unser einheimischer Guide, findet in einem verschlafenen Bergdorf in einer Seitengasse versteckt eine Pizzeria. Mitten am Nachmittag kocht man für uns noch eine gigantische Schüssel Spaghetti. Was für ein unglaublicher Luxus in diesem dünnbesiedelten Land, in dem Fremden mit einer guten Portion Mißtrauen begegnet wird.

Vier Millionen Schafe

„Wer über's Meer kommt, ist ein Dieb", lautet ein sardisches Sprichwort. Gerade 1,7 Millionen Menschen leben auf Sardinien, etwa 70 pro Quadratkilometer. Das Landesinnere ist fast menschenleer, nur einige Hirten hüten ihre Schafe. Davon gibt es auf Sardinien allerdings gut vier Millionen.

Die meisten Sarden wohnen an der Küste, ein Viertel der Bevölkerung allein in Cagliari. Ein weiteres Viertel arbeitet im Ausland. Nach Sizilien ist Sardinien die zweitgrößte Insel im Mittelmeer. Die Distanz zu Tunesien ist geringer als die zum italienischen Festland. In den sechziger Jahren begann sich der Tourismus zu entwickeln. Massentourismus wie auf anderen Mittelmeer-Eilanden gibt es allerdings nicht – und wird es wohl auch nie geben. Die politisch motivierte Ansiedlung von petrochemischer Industrie gilt mittlerweile als gigantische Fehlinvestition.

Das kann man von einem Trip mit Fabio Fasolo wahrlich nicht behaupten. Heute hat er uns schon wieder 185 Kilometer kreuz und quer über Stock und Stein vor sich her getrieben. Wir sahen menschenleere, archaische Landschaften und rodelten über Rumpelpfade, die man alleine wirklich kaum finden würde. Die heißen hier „mulattiere" – Eselpfade. Was einen Tourteilnehmer zu der Bemerkung veranlaßt: „Die Esel sind wir!"

Lernen vom Vorbild

Zwischendurch gibt es auch so etwas wie einen Ruhetag. Morgens hüpfen alle ein wenig über die Sonderprüfung am Hotel, nachmittags ist frei. Fabio gewinnt mit einem klassischen Frühstart das interne Rennen der Tourguides. Kein Wunder, daß beim Start zum Teilnehmer-Wettbewerb der eine oder andere mit mangelndem Selbstbewußtsein ähnliches versucht.

Der Nachmittag am wohltemperierten Pool gibt Kraft für die für den Abend geplante Strandparty. Diese sollte allerdings nicht zu sehr ausarten. Um 9.30 Uhr ist am nächsten Morgen bereits wieder Abfahrt. Unbarmherzig, Frühstück oder nicht.

Dann geht es auch gleich wieder über Geröllpisten der schönsten Kategorie. Diesmal gibt es zum Spaghetti-Topf am Mittag auch noch jede Menge vor Fett nur so triefende und dennoch überaus wohlschmeckende

Wer über's Meer kommt, ist ein Dieb: Das alte sardische Sprichwort gilt allerdings nicht für die Teilnehmer am von KTM organisierten Offroad-Abenteuer.

Würste. Eselpfade erweisen sich im Anschluß als exzellente Verdauungsbeschleuniger. Überschüssige Kalorien werden zudem mit harter Arbeit – Motorräder aus allerlei festgefahrenen Situationen retten – abgebaut. Am Abend stellen wir beglückt fest, daß weitere 190 Kilometer zurückgelegt sind.

Am Freitagmorgen gibt es zum letzten Mal edelstes Geröll. Zeitweise folgen wir unweit des Meeres einem kaum sichtbaren Pfad durchs hüfthohe, zähe Gestrüpp. Noch ein paar Runden auf der Sonderprüfung, dann ist Schluß mit der Endurowoche auf Sardinien. Die Fähre legt um 18 Uhr ab, und sie pflegt nicht auf Enduristen zu warten, die sich einfach nicht von ihren Pisten losreißen können.

1998 fanden die ersten beiden Endurowochen auf Sardinien statt. Das Angebot soll für die Zukunft ausgebaut werden. Anfängern sei jedoch zunächst die Enduroschule auf Elba ans Herz gelegt; selbst Könner sollten sich konditionell gut auf Sardinien vorbereiten. Eine Woche ist lang, und Sardinien ist groß. So groß, daß man mit einem Hinterreifen nicht durch die Woche kommt.

Facts

Für 1999 sind einige Termine für die Endurowoche auf Sardinien geplant. Im Preis von rund 1000 Mark sind fünf Tage Übernachtung mit Halbpension, Fährpassage in Schlafkabine und fürs Motorrad, Gepäcktransport im Servicewagen, Kursunterlagen und Strandparty enthalten. Weitere Fahrzeuge (Autos, Hänger) können für rund 80 Mark pro Fahrzeug auf einem bewachten Parkplatz auf dem Festland zurückgelassen werden. Ein KTM-Mietmotorrad kostet rund 100 Mark pro Tag. Infos zu den KTM-Adventure Tours gibt es bei jedem KTM-Händler. Anmeldungen bei: KTM Motorsport Ges.mbH, Ilona Schmidmaier, Harzlochnerstraße 13, A-5230 Mattighofen, Österreich.

Zur Entspannung an den Strand: nicht zum Baden, sondern zum Fahren auf sandigem Grund.

Landschaft, Küche und Kultur

Von Norbert Misch-Kunert

TRENTINO-SÜDTIROL (TRENTINO-ALTO ADIGE)

Landschaft: Die Doppelprovinz im hohen Norden ist geprägt von der großartigen Bergwelt der Alpen. Saftige Hochalmen und tiefe Schluchten, eisige Gletscher und die Blütenpracht in den Tälern sorgen für interessante landschaftliche Gegensätze.

Touristisch ist Trentino-Südtirol seit Generationen erschlossen. Vor allem Wanderer, Skifahrer und Bergsteiger verbringen hier ihren Urlaub. Das Angebot an Hotels und Pensionen ist riesig. In den Tälern zieht der Frühling schon im Februar ein, und der Oktober ist meist noch mild und warm.

Städte: Besonders sehenswert sind Brixen und Bozen mit ihren schönen Altstädten und Laubengängen, der Kurort Meran mit seiner üppigen Vegetation und den eleganten Fla-

Venedig (oben) ist der kulturelle und gesellschaftliche Mittelpunkt der Provinz Venetien. Zu den herausragenden Ereignissen gehört der Karneval mit seiner phantasievollen Maskerade (rechts).

nierpromenaden sowie der prächtige Domplatz von Trento.

Spezialitäten: Die herzhafte Tiroler Kost hat einen großen Einfluß auf die Speisekarten vor Ort. Zu ihren Highlights gehören die kräftige Gerstensuppe, der Bauernspeck sowie Knödel und Teigwaren in allen möglichen Variationen (Kasnockerln, Schlutzkrapfen, Spinatnockerln). Zum Nachtisch gibt es eine üppige Mehlspeise, zum Beispiel Topfenstrudel. Als Jause (Zwischenmahlzeit) wird meist etwas Schüttelbrot, ein Vintschgerl, etwas Speck und eine Kaminwurzen aufgetischt.

Touren-Tip: Zu den großartigsten Erlebnissen auf dem Motorrad zählt eine Panoramatour über die Große Dolomitenstraße von Bozen nach Cortina d'Ampezzo.

VENETIEN (VENETO)

Landschaft: Das Veneto schließt sich wie ein großer Kreis um seinen kulturellen und gesellschaftlichen Mittelpunkt Venedig. Sanfte Hügel mit Zypressen bestimmen das Landschaftsbild, zinnengekrönte Palazzi die Architektur der Städte. Mancher Urlauber hat den Eindruck, daß hier erst das wahre Italien beginnt. Der abendliche Rummel auf den Plätzen zeugt von der unnachahmlichen südländischen Lebensart. Trotzdem handelt es sich um eine Landschaft mit großen Gegensätzen: Im Norden der mondäne Wintersportort Cortina d'Ampezzo, im Süden das eintönige Po-Delta.

Städte: Allein Venedig ist einen ganzen Urlaub wert und ohne Zweifel eine der größten Sehenswürdigkeiten Italiens. Ein Muß ist auch Verona mit seiner bildschönen Altstadt und der römischen Arena, die noch heute für Opernaufführungen benutzt wird.

Spezialitäten: Venedig ist „die Königin der Meere" und auch die Stadt der Meerestiere: Lecker ist das „fritto misto del mare", ein buntes Allerlei aus Scampi, Krebsen und Seespinnen, oder die berühmte „fegato alla veneziana", gebratene Kalbsleberscheiben mit Zwiebeln. Beliebte Beilage ist die Polenta, ein gekochter Maisbrei, der sich beim Kauen wundersamerweise noch vermehrt.

Touren-Tip: Lohnenswert ist ein Ausflug zu den Euganäischen Hügeln (Colli Euganei): Südlich von Padua steigen unvermittelt über hundert Bergkegel vulkanischen Ursprungs aus der Po-Ebene auf.

FRIAUL-JULISCH-VENETIEN (FRIULI-VENETIA GIULIA)

Landschaft: Die Grenzregion am oberen Ende der Adria ist ein eigenständiges Gebiet mit eigener Sprache, seit jeher kulturell hin- und hergerissen zwischen Italien, dem Balkan sowie der österreichischen k.u.k.-Monarchie. Landschaftlich lohnend ist vor allem die Küste: Das Lagunengebiet von Grado setzt einen interessanten Kontrast zu den schneebedeckten Gipfeln der karnischen Alpen.

Städte: Einen Besuch wert ist vor allem Triest mit seinen Palästen aus der k.u.k.-Monarchie und seiner melancholischen Kaffeehaus-Romantik. Sehr interessant sind auch die Lagunenstadt Grado und der Ort Aquileia mit seiner römischen Basilika.

Spezialitäten: Polenta ist allgegenwärtig, dazu gibt es eine fette Kochwurst mit vergorenen Rüben („muset e brovada") oder eine „Jota"-Suppe aus Bohnen, Mais, sauren Rüben, Zwiebeln und Speck. Wem das zu bäuerlich ist, der kann sich am feinen San Daniele-Schinken erfreuen. Im Osten der Region trifft man häufig auf die Klassiker Wiener Schnitzel, Gulasch, Cevapcici und Liptauer.

Touren-Tip: Gorizia (Görz), die Provinzhauptstadt am Isonzo, ist heute die einzige geteilte Stadt Europas. Während im historischen Görz die italienische Flagge weht, gehört der Stadtteil Nova Gorica bereits zu Slowenien.

LOMBARDEI (LOMBARDIA)

Landschaft: Die Region reicht vom südlichen Alpenrand bis in die stickige

Der Gardasee, hier am nördlichen Ende bei Riva, zählt zu den beliebtesten Ferienregionen Italiens.

Po-Ebene mit dem Wirtschaftszentrum Mailand. Zu den touristischen Magneten zählen vor allem die zahlreichen Gewässer: Lago Maggiore, Comer See, Gardasee, Lago d'Iseo, Lago d'Orta. Im Frühjahr sind die Seen mit ihrer üppigen Vegetation eine Pracht.

Städte: An erster Stelle muß hier Mailand mit dem Dom genannt werden. Einmal im Leben sollte man Leonardo da Vincis „Abendmahl" gesehen haben. Künstlerisch im krassen Gegensatz dazu zeigt sich die Villa „Vittoriale degli Italiani" im noblen Gardone Riviera am Gardasee. Die schrullige Behausung des exzentrischen Kriegshelden und Poeten Gabriele d'Annunzio ist ein überdimensionales Kuriositätenkabinett.

Spezialitäten: Vieles kommt aus der feinen Küche Mailands: „cotoletta milanese" (Schnitzel), „ossobuco" (Kalbshaxe), „risotto" (Reis) mit Safran und „vitello tonnato" (Kalbfleisch in Thunfischsauce). Zum Dessert gibt es mildwürzigen Gorgonzola, Mascarpone oder ein Stück Panettone-Kuchen. Bekannte Suppen sind die „zuppa pavese" (Fleischbrühe mit geröstetem Brot, Eiern und Käse) und die „minestra di zucca" (Kürbissuppe). Rund um die Seen werden viele feine Fischgerichte serviert.

Touren-Tip: Ein Muß ist der Werksbesuch bei Moto Guzzi in Mandello am Comer See. Hier befindet sich ein sehr interessantes Museum mit allen bisher gebauten Fahrzeugen vom Trecker bis zur Rennmaschine.

Piemont (Piemonte) und Aosta-Tal (Valle d'Aosta)

Landschaft: Piemont (al pié dei monti: am Fuß der Berge) liegt am Alpenrand und wird geprägt von den Ausläufern der Po-Ebene sowie dem umgebenden Hügelland. Nördlich schließt sich das Valle d'Aosta an, ein breites Bergtal am Fuße des mächtigen Mont Blanc-Massivs. Architektur, Küche und Sprache sind von den Nachbarn Frankreich und Schweiz beeinflußt.

Städte: Im Dom von Turin kann man das Leichentuch Jesu besichtigen. Seine Echtheit ist allerdings umstritten. Asti ist die Heimat vieler guter Weine, unter anderem des prickelnd-süßen Asti Spumante, und des Cinzano. Das Alpenstädtchen Aosta ist ein guter Ausgangspunkt für Ausflüge in die Berge.

Spezialitäten: Deftig, deftig. In den Höhenlagen gibt es Polenta, Blutwurst („boudin"), verschiedene Ragouts von Bergtieren und zum Nachtisch Edelkastanien und Haselnußkuchen. In der Po-Ebene gedeiht der beste Reis Italiens („riso superfino Carnaroli"). Eine Offenbarung für Feinschmecker sind die weißen Trüffel – tartufo bianco – aus der Umgebung von Alba und Asti.

Touren-Tip: Zur Trüffelernte sollte man in die mittelalterliche Stadt Alba fahren: Überall stehen die Edelpilze für teures Geld zum Verkauf (pro Gramm zwei bis drei Mark). Gleichzeitig probiert man Barolo-, Barbera- und Barbaresco-Wein, die zu den besten Rotweinen Italiens zählen.

LIGURIEN (LIGURIA)

Landschaft: Die Küste Liguriens reicht von der französischen Grenze bis hinunter zur Toskana. Im Norden wird die Region von den Ausläufern der Seealpen und dem Apennin abgeschirmt. Durch diese geschützte Lage konnte sich eine üppige subtropische Vegetation entwickeln. Die Städte und Dörfer ziehen sich steil die Berghänge hinauf, an der Küste wechseln sich lange Sandstrände und wilde Klippenlandschaften ab.

Städte: Die Altstadt von San Remo („La Pigna") gilt als „Kasbah" der Riviera. Das Labyrinth der Gassen erinnert an einen arabischen Souk. In Portofino kann man die High Society mit ihren Super-Yachten bestaunen. Finale Ligure ist seit den sechziger Jahren fest in deutscher Hand.

Spezialitäten: Ein Wahrzeichen Liguriens ist der „pesto", eine würzige Paste aus Basilikum, Knoblauch, Pinienkernen und Käse. Dazu gibt es „trenette" – flache Spaghetti – oder gefüllte Teigtaschen. Köstlich sind auch die kräftigen Fischsuppen „burrida" oder „ciuppin". Fisch ist an der Küste ohnehin das Grundnahrungsmittel, zum Beispiel der delikate „stoccafisso" (Stockfisch). Ein nahrhaftes, hier beliebtes Gericht aus Fisch, Krustentieren und Gemüse ist der „cappon magro".

Touren-Tip: Eine Fahrt durch die Cinque Terre gehört zu den touristischen Highlights Liguriens. Der zwölf Kilometer lange Küstenstreifen ist der landschaftliche Höhepunkt der Region. An den tiefen Einschnitten der Steilküste kleben fünf kleine, schwer zugängliche Dörfer. Sehr ursprüngliches, wettergegerbtes Ambiente.

TOSKANA (TOSCANA)

Landschaft: Für viele Reisende ist die Toskana der Inbegriff italienischer Landschaft und Kultur. Abseits der

Seit jeher fasziniert die Toskana mit einer eigentümlichen Landschaft und zahlreichen historischen Bauten.

berühmten Städte Florenz, Siena und Pisa präsentiert sich ein Hügelland wie aus dem Bilderbuch – malerische Zypressen-Alleen, kurvige Straßen, Weinfelder, Ölbäume und mittelalterliche Städtchen (allen voran San Gimignano). Zur Toskana gehört auch Elba, die drittgrößte Insel Italiens.

Städte: Allein für Florenz, eine der großen Kunststädte Italiens, könnte man seinen Jahresurlaub opfern. Äußerst sehenswert sind aber auch die 99-Kirchen-Stadt Lucca, die Geschlechtertürme von San Gimignano, Volterra mit seiner herben Mittelalter-Architektur, der prachtvolle Dom von Siena und der Schiefe Turm von Pisa.

Spezialitäten: Das Olivenöl der Toskana gilt als besonders edel; ein einfaches, aber unglaublich raffiniertes Gericht ist die „fett'unta", eine Scheibe gerösteten, mit Knoblauch eingeriebenen Landbrots, das mit Olivenöl getränkt wird. Gar nicht einfach ist das „bistecca alla fiorentina", ein Monstersteak vom toskanischen Rind, über dem Holzkohlenfeuer gegrillt. Pienza ist die Hauptstadt des Schafskäses; dort gibt es den „pecorino" in allen möglichen Variationen.

Touren-Tip: Ein Kurvenparadies ist die „Crete Senesi", eine karge, felsreiche Hügellandschaft südlich von Siena. Dabei sollte man gleich einen

Abstecher zum Kloster Sant'Antimo bei Montalcino einplanen – mehrmals täglich singen die Mönche schaurig-schöne gregorianische Choräle.

EMILIA-ROMAGNA (EMILIA-ROMAGNA)

Landschaft: Die große Po-Ebene schiebt sich wie ein Keil zwischen das Voralpenland im Norden und die Hänge des Apennin im Süden. Die Emilia-Romagna ist eine fruchtbare, aber auch recht eintönige Landschaft, die vollständig von Landwirtschaft und Industrie erschlossen wurde. Dabei wird die Region oft von Nebel heimgesucht; im Sommer ist es heiß und stickig.

Städte: Einige der wichtigsten Kulturstädte Italiens liegen in der Emilia-Romagna: Modena und Bologna, Ravenna und Parma, Piacenza und die Republik San Marino. Eine der wichtigsten Renaissance-Städte Italiens war Ferrara.

Spezialitäten: Die Emilia-Romagna ist das Schlaraffenland Italiens: Es gibt vielerlei köstliche Würste, raffinierte Teigwaren, den besten Parmesan („parmigiano reggiano"), einen wundervollen, in Weinfässern gereiften Essig („aceto balsamico"), das beste Brot Italiens, den legendären Parmaschinken und vieles mehr, was einen die Schrecken der Po-Ebene vergessen läßt.

Touren-Tip: Eine lässige Runde über die längste Stadtuferstraße Italiens in Rimini mit jeder Menge Trubel; vor allem abends avanciert die Straße zum Laufsteg der Eitelkeiten.

UMBRIEN (UMBRIA)

Landschaft: Im Schatten der Toskana liegt Umbrien, das „grüne Herz Italiens". Die Region hat keinen Zugang zum Meer, bezaubert aber durch ihre schöne Landschaft mit dichten Wäldern, Schluchten und Flüssen. Badezentrum Umbriens ist der große Trasimenische See. Eine wildromantische Gegend findet man am Monte Cucco, dem höchsten Gipfel Umbriens.

Städte: Das quirlige Perugia mit seinen engen Gassen und tiefen Häuserschluchten ist Standort einer der ältesten Universitäten Italiens. Viele ausländische Studenten, ein internationales Flair und das große Jazz-Festival im Juli machen die Stadt interessant. Sehenswert ist auch der Wallfahrtsort Assisi mit seiner Basilica di San Francesco.

Spezialitäten: Ausgezeichnete Süßwasserfische liefert der Trasimenische See, außerdem gibt es eine schmackhafte Fischsuppe („tegamaccio"). Eine Köstlichkeit sind die kleinen schwarzen Schweinchen von Norcia, die als „porchetta" mit wildem Fenchel am Spieß gebraten werden. Zum Abschluß gönnt man sich einen „pannocciato", einen Brotkuchen mit Schafskäse, Rosinen, Nüssen, Wein und Gewürzen.

Touren-Tip: Eine der eindrucksvollsten Tropfsteinhöhlen Italiens befindet sich im Monte Cucco-Massiv. Die

Schwer beschädigt bei einem Erdbeben ist Assisi zwar nicht mehr das, was es mal war, einen Besuch ist es aber immer noch wert.

„Grotta di Monte Cucco" hat eine Ausdehnung von 24 Kilometern und eine Tiefe von fast 950 Metern.

DIE MARKEN (LE MARCHE)

Landschaft: Die Marken sind ein hügeliges Land zwischen Apennin und Adria mit viel Trubel an der Küste. Ein wunderschönes Kap bildet der Monte Conero, wenige Kilometer südlich von Ancona. Er steigt 600 Meter an und stürzt steil ins Meer. Unten finden sich weiße Klippen und einsame Buchten, die man oft nur mit dem Boot erreichen kann.

Städte: Der Inbegriff einer Renaissance-Stadt ist Urbino, einmalig schön gelegen auf einer Hügelkuppe. Alles ist aus ockerfarbenem Ziegel gebaut. Das riesige Schloß ist einer der größten Renaissance-Paläste Italiens.

Spezialitäten: Fisch steht hier an erster Stelle auf der Speisekarte. Ein Beispiel ist die köstliche Suppe „brodetto", die in vielen Variationen zubereitet wird. Ansonsten gibt es viel Leckeres vom Schwein (Würste, geräucherter Schinken, Spießbraten).

Touren-Tip: Das „centro storico" von Ascoli Piceno ist fast jeden Umweg wert. Die Altstadt liegt malerisch zwischen zwei Flüssen, mittendrin die Piazza del Popolo – eine bildschöne Oase der Ruhe.

ROM UND LATIUM (ROMA-LAZIO)

Landschaft: Der besondere Reiz Latiums liegt in der Vielfalt seiner Landschaften. Von der flachen Küste aus gelangt man durch ein sanftes Hügelland binnen kurzer Zeit ins vulkanisch geprägte Gebirge. Im Norden trifft man auf eine üppige Vegetation und schöne Wälder. Im Süden ist das Land eher karg, dafür ist die Küste attraktiver. Mittendrin liegt die „Ewige Stadt" Rom.

Städte: Alle Wege führen nach Rom. Die Stadt ist immer noch eine der schönsten europäischen Hauptstädte, auch wenn der Verkehr mörderisch ist und die Abgase alles ersticken. Das Forum Romanum, der Vatikan und die Peterskirche stehen ganz oben auf der Besichtigungsliste, aber auch die Altstadt ist absolut sehenswert.

Spezialitäten: Im Latium ist die Küche sehr bodenständig. So stehen auf dem Speiseplan Lammbraten („pignataccia"), geschmorte Kaldaunen („pajata"), hausgemachte Nudelgerichte („pasta asciutta") und vielerlei Gemüse. Die Küche Roms hat so herrliche Pasta-Leckereien wie „fettuccine all' amatriciana" oder „bucatini alla carbonara" hervorgebracht, ferner das dünne Kalbsschnitzel „saltimbocca" mit Schinken und Salbei sowie das würzige Schmorgericht „stufinato". Zum Abschluß gibt es Sambuca (Anislikör) mit einer ungeraden Anzahl an Kaffeebohnen.

Touren-Tip: Der fast kreisrunde Lago di Bolsena ist der größte See vulkanischen Ursprungs in Italien. Am fast unbewohnten Westufer führt eine Holperpiste entlang. Hier ist es sehr

Shopping-Tips: Preiswert einkaufen in Italien

Italien ist ein attraktives Einkaufsland – nicht nur, aber auch wegen des günstigen Lirakurses. Die Preise liegen in manchen Bereichen ein Drittel unter den deutschen. Interessant ist der Einkauf im Urlaub aber auch wegen der großen Vielfalt und der durchweg hohen Qualität, vor allem bei Mode, Lederwaren, Schuhen und Lebensmitteln. Nur in den ausgesprochenen Touristen-Hochburgen sollte man die Augen auf- und den Geldbeutel geschlossen halten.

DIE SCHNÄPPCHEN-HITLISTE:

Autos & Motorräder: Nicht gerade ein Urlaubsmitbringsel, aber wer mag, kann ja mal die Preise vergleichen (und sich wundern). Allen Gerüchten zum Trotz ist der Re-Import unproblematisch, und der Hersteller muß auch in Deutschland den vollen Service leisten.

Lederwaren: Durchweg prima Qualität, Preise fast immer deutlich unter denen in Deutschland. Nicht am Wühltisch kaufen, besser ein Fachgeschäft aufsuchen. Auch Motorradbekleidung, zum Beispiel von Dainese, ist oft sehr günstig.

Schuhe: Der wundersame Preisverfall, vor allem bei Marken-Sportschuhen. Auch Bergschuhe und „Timberlands" kosten im Schuhmarkt oft einen Hunderter weniger. Wer richtig edles Schuhwerk sucht, sollte sich nach Rom begeben – da ist die Auswahl am größten.

Mode: „Je exklusiver, desto Mailand" – Milano ist die Weltmetropole der Edelschneider. Den Armani-Anzug sollte man schon dort kaufen – er wird dadurch sogar erschwinglich. Einige Modehäuser verkaufen die Sachen der letzten Saison deutlich reduziert. Schnäppchen kann man auch in der Zeit des Sommerschlußverkaufs machen (Juli/August). Florenz und Rom sind ebenfalls berühmte Modezentren, gefolgt von Bologna und Turin. In Neapel gibt es praktisch jede Nobelmarke auch als Fälschung. Markenjeans bekommt man fast überall billiger. Viele Fabriken haben auch einen Direktverkauf (zum Beispiel Diesel-Jeans in der Nähe von Bassano del Grappa). Schicke Seidenkrawatten findet man günstig in Como, dort gibt es sogar ein Seidenmuseum.

Kunsthandwerk: Venedig ist berühmt für seine Glasbläserkunst (Insel Murano), Spitzen und Tuche, Marmorpapier und die mystisch angehauchten Karnevalsmasken. In Faenza gibt es tolle Keramik, in Palermo traditionelle Marionetten. In Volterra ist der marmorähnliche Alabaster zu Hause. Ansonsten gilt: Italien ist das Land der schönen Dinge. Man trifft fast überall auf kleine Läden, in denen örtliche Künstler ihr Handwerk präsentieren.

Lebensmittel: Tolle Auswahl und Qualität. Zum Teil auch recht hohe Preise, aber zu Hause bekommt man solche Sachen einfach nicht. Das leckerste Schokoladenkonfekt stammt aus Perugia, das beste Olivenöl aus Ligurien, ein wunderbar zarter Schinken kommt aus Parma und San Daniele. Handgemachte Pasta gibt es fast überall, ebenso die leckeren Soßen dazu. In der Toskana findet man phantastisches

Mandelgebäck und eingelegte Nüsse in Honig. Pienza ist die Hauptstadt des würzigen Pecorino, eines Schafskäses. Hier gibt es auch viele interessante Gewürzmischungen aus den Kräutern der Region, zum Beispiel für Penne Arrabiata. Bologna ist die Heimat der Tortellini. Aus Modena stammt der berühmte Balsamico-Essig.

Trödel- und Antikmärkte: Finden regelmäßig in allen größeren Orten statt; bei der Tourist-Info oder einfach in der nächsten Bar nach den Terminen fragen. Kurioses Zeug zu günstigen Preisen.

ruhig, und es gibt viele kleine Badestellen, die zum Schwimmen einladen.

ABRUZZEN (ABRUZZO) UND MOLISE (MOLISE)

Landschaft: Beim wilden Bergland der Abruzzen handelt es sich um eine touristisch weitgehend unerschlossene Region. Das Inland ist dünn besiedelt, die steilen Berghänge dienen hauptsächlich als Weideland für Schafe. Der Gran Sasso ist mit 2912 Metern das höchste Massiv des gesamten Apennins; etwas weiter im Süden liegt der große Nationalpark der Abruzzen mit einer großen Fläche unberührter Natur.

Städte: Vasto hat eine malerische Altstadt auf einem Plateau hoch über dem Meer, unten eine schöne Promenade mit gutem Strand. Sehr nett ist das Badestädtchen Termoli. Es liegt auf einer Landzunge; auf der Oberkante der Stadtmauer verläuft eine Panoramastraße.

Spezialitäten: Lämmer und Zicklein liefern zartes Fleisch, scharf gewürzt mit Peperoncini. Fette Käse wie der „caciocavalli" werden über Holzfeuer geröstet und mit Brot verspeist. In den Küchen hängen pfeffrige Schinken und Leberwürste („fegati"), im Topf brodelt herzhafte „minestrone" – eine dicke Fleisch- und Gemüsesuppe. Zum Nachtisch gibt es Gebäck, zum Beispiel den „parrozzo" mit Mandeln und Schokoladenüberzug.

Touren-Tip: Über eine 27 Kilometer lange Serpentinenstraße erreicht man die Hochebene Campo dell' Imperatore im Gran Sasso-Gebiet. Sie liegt in 2100 Metern Höhe und ist fast 30 Kilometer lang. Hier genießt man eine phantastische Aussicht. In dem einsam angesiedelten Gasthaus „Campo Imperatore" wurde einst Mussolini von den Alliierten gefangengehalten.

KAMPANIEN (CAMPANIA)

Landschaft: Nur ein Katzensprung von Rom entfernt beginnt der italienische Süden. Im Norden Kampaniens liegt der Moloch Neapel, chaotisch und doch irgendwie faszinierend. Von hier aus starten die Schiffe nach Ischia und Capri. Südlich von Neapel befindet sich die Halbinsel von Amalfi mit einer der schönsten Küsten des Mittelmeers. Nicht zu vergessen die Region des Vesuv mit dem weltberühmten Pompeji.

Städte: Für Neapel braucht man starke Nerven – nicht jedermanns Sache. Viel angenehmer ist ein Abstecher nach Positano an der Amalfi-Küste. Steil hängen die malerischen Häuser an den Hängen hinunter, labyrinthisch verschachtelt, mit unzähligen steilen Treppengassen. Für Autos ist hier kein Platz. Wunderschön ist auch Amalfi, eine der vier historischen Seerepubliken Italiens.

Spezialitäten: Neapel ist die Geburtsstätte der Pizza und die Heimat Sophia Lorens. Die Küche ist im Grunde genommen häuslich-bürgerlich mit Fleisch und Gemüse, Pasta in unzähligen Variationen sowie nahrhaften

Eintöpfen. An der Küste werden naturgemäß viel Fisch und Meeresfrüchte gegessen, so etwa „cozze" (Muscheln) und „seppie" (Tintenfische).

Touren-Tip: Schwindlig fahren kann man sich auf der spektakulären Serpentinenstraße nach Ravello oberhalb

von Amalfi. Dabei genießt man einen herrlichen Blick hinunter an die Küste.

APULIEN (PUGLIA)

Landschaft: Apulien liegt im Südosten Italiens und entspricht quasi der flachen Stiefelferse. Das Land ist weitgehend wasserarm, karstig und öde. Das leicht gewellte Flach- und Hügelland ist zum Teil mit riesigen Olivenhainen bedeckt. Landschaftliche Ausnahme ist der Gargano mit seinem 1000 Meter hohen Felsgebirge, einer wildzerklüfteten Küste und vielen prachtvollen Stränden.

Städte: Vor allem am Gargano lohnt eine Besichtigung von Vieste, Peschici und Rodi Garganico, schon allein wegen der schneeweißen Häuser auf hohen Klippen, der verwinkelten Altstädte und der tollen Ausblicke. Sehenswert sind auch das Stauferschloß Castel del Monte, Lecce mit seinen zahlreichen Barockbauten und Gallipoli mit seiner luftigen Insel-Altstadt.

Spezialitäten: Schwerpunkt der apulischen Küche sind die Gemüsesorten

Der Gargano ist der Sporn an Italiens Stiefelsilhouette. Die felsige Küste zählt zu den schönsten Abschnitten an Italiens Gestaden.

Forza Rossi:
Rote Renner stammen in Italien nicht nur von Ferrari aus Maranello. Auch Ducati begeistert Fans in aller Welt mit toller Technik und rassiger Optik.

DUCATI
DUCATI
DNL Corse
DESMO

Auberginen, Bohnen, kleine, aromatische Tomaten, Artischocken und wilde Zwiebeln. Jede dieser Arten gibt es gefüllt, in Teigwaren gehüllt oder als gemischtes Ragout aus der Pfanne.

Touren-Tip: Eine Fahrt zu den weißen Zipfelmützenhäusern der Trulli-Region (rund um Alberobello und Locorotondo) sollte bei einer Apulien-Tour nicht fehlen.

KALABRIEN (CALABRIA) UND BASILIKATA (BASILICATA)

Landschaft: Kalabrien ist die wilde und gebirgige Stiefelspitze Italiens. Über 2000 Meter hohe Bergmassive bestimmen das Landschaftsbild. Im Osten schließt sich die Basilikata an, ebenfalls bergig, aber in Richtung Apulien allmählich flacher werdend. Beide Regionen sind dünn besiedelt und wirtschaftlich ziemlich schwach.

Städte: Das Aushängeschild Kalabriens ist Tropea, ein quirliger Badeort auf einem hohen, senkrecht abfallenden Felsen mit engen Gassen, uriger Atmosphäre und einer Treppe zum Strand. Scilla ist die Heimat des gleichnamigen Ungeheuers, das Homer in seiner „Odyssee" beschrieb. Das nette Fischerdorf kuschelt sich an einen mächtigen Felsklotz.

Spezialitäten: Kleine, schwarze Schweinchen werden mit Tomaten, Pfefferschoten und Wein zu einem herzhaften Ragout abgeschmeckt („soffrito") oder zu einer würzigen Wurst verarbeitet („capocolli"). Eine wunderbare Nudelart heißt „strangolapreti" – Pfaffenwürger. Sehr lecker ist auch eine „parmigiana", ein Auflauf aus frischen Gemüsen und Kräutern. An der Küste stärkt man sich an „sarde a scapece", mit Knoblauch und Minze in Essig und Öl gebackenen Sardinen.

Touren-Tip: Grandios ist eine Fahrt über die „strada panoramica" an der

In Sizilien vereinen sich strenger Glaube und ästhetische Architektur zu einem unverwechselbaren Auftritt der klerikalen Bauten.

wilden Riviera von Maratea. Die Straße verläuft hoch über dem Meer und bietet atemberaubende Ausblicke auf die Steilküste und die vorgelagerten kleinen Inseln.

SIZILIEN (SICILIA)

Landschaft: Sizilien ist das größte Eiland des Mittelmeers und gleichzeitig eine Insel der Kontraste: Der Reisende trifft auf blühende Plantagen und kahle Wüsten, chaotische Städte und idyllische Dörfer, Massentourismus sowie einsame Buchten. Sizilien ist auch ein Schmelztiegel der Kulturen, geprägt von Arabern, Griechen, Spaniern, Franzosen und Normannen.
Städte: Taormina ist Siziliens meistbesuchter Urlaubsort, ein turbulenter Rummelplatz mit einem schönen mittelalterlichen Zentrum. Bedeutende Altertümer findet man in Siracusa, einst die mächtigste Stadt der westlichen Welt. Noto mit seinen vielen Palästen und Kirchen gilt als schönste Barockstadt Siziliens. Die interessanteste archäologische Stätte der Insel ist das Tal der Tempel in Agrigent.
Spezialitäten: Dem arabischen Einfluß verdankt Sizilien den „cuscussu", eine Hirsegrütze mit Fleisch und Gemüse, und den „pasticcio di sostanza", eine gefüllte Makkaroni-Pastete. Ein netter Imbiß sind die gefüllten, gebackenen Reisbällchen „arancine di riso". Unter den Fischsorten dominieren „tonno" (Thunfisch), „pesce spada" (Schwertfisch) und „sarde" (Sardinen). Eine Spezialität Siziliens sind auch das weinselige Schnitzel „scaloppine al marsala" und die „spaghetti alla siracusana" mit Thunfischrogen, Sardellen und zahlreichen Kräutern.

Siesta Sizilia: Der Plausch unter Freunden genießt noch immer einen hohen Stellenwert.

Touren-Tip: Eine willkommene Abwechslung bietet die Ätna-Umrundung per Eisenbahn. Die Fahrt mit der „Ferrovia circumetnea" dauert etwa vier Stunden und führt in unterschiedlichen Höhen am Sockel des Vulkans entlang. Kosten für die Fahrt: zirka acht Mark.

SARDINIEN (SARDEGNA)

Landschaft: Von oben sieht Sardinien, die zweitgrößte Insel des Mittelmeers, wie eine Schuhsohle aus. Der Legende nach ist sie die Fußspur Gottes, der am Ende der Schöpfung ein paar übriggebliebene Felsen ins Wasser warf, sie feststampfte und etwas Natur darüber streute, bis sich die steinerne Insel in ein Spiegelbild

Kleines Speisekarten-Einmaleins

Nicht auf jeder Speisekarte stehen die Köstlichkeiten auch in deutscher Übersetzung. Hier eine kleine Auswahl:

Pasta e riso	Teigwaren und Reis
cannelloni	röhrenförmige, gefüllte Nudeln
cappelletti	gefüllte Nudeltaschen in Hutform
gnocchi	Griesklößchen
lasagne	geschichtete Nudellagen
linguine	schmale Bandnudeln
orecchiette	Nudeln in Form einer Ohrmuschel
penne	kurze, große Makkaroni
rigatoni	dicke Röhrennudeln
tagliatelle	Bandnudeln
tortellini	kleine, gefüllte Teigringe
risi e bisi	Reis und Erbsen
risotto	Reisgericht
– bolognese	– mit Schinken und Speck
– calabrese	– mit Käse und Eiern
– genovese	– mit frischen Pilzen
– milanese	– mit Safran, Butter, Weißwein
– mantovano	– mit Schweinswurst
– napoletano	– mit Speck und Tomaten
– siciliano	– mit Sardellen und Artischocken
– veneto	– mit Venusmuscheln

Carne, salsiccia e prosciutto	Fleisch, Wurst und Schinken
cotoletta	Kotelett
cot. alla milanese	Wiener Schnitzel
filetto	Filet
scaloppina	Schnitzel
saltimbocca	Kalbsschnitzel
salt. alla romana	Kalbsschnitzel in Weißw. geschmort
manzo	Rind
maiale	Schwein
coniglio	Kaninchen
lepre	Hase
cinghiale	Wildschwein
capriolo	Reh
bistecca fiorentina	Beefsteak vom Holzkohlegrill
ossobuco	Kalbshaxe in Scheiben
bollito misto	gemischter Fleischtopf
spezzatino	Kalbsgulasch
zampone	gefüllter Schweinsfuß

Pesce e frutti di mare	Fisch und Meerestiere
pesce spada	Schwertfisch
tonno	Thunfisch
salmone	Lachs
sardine/sarde	Sardinen
sogliola	Seezunge
aragosta	Languste
cozze	Miesmuscheln
gamberoni	große Krabben
scampi	kleine Krabben
seppia	Tintenfisch
vongole	Venusmuscheln

seiner Schöpfung verwandelt hatte. Auch wenn jemand an dieser Version seine Zweifel haben mag, so läßt sich nicht bestreiten, daß diese sehr schön klingt und zudem den Charakter der Landschaft sehr genau beschreibt.

Städte: Eine originelle Architektur „sponsored by Ölscheich" zeigt Porto Cervo an der traumhaften Costa Smeralda im Nordosten der Insel. Entstanden ist das Ganze Anfang der sechziger Jahre, als sich der steinreiche Prinz Karim Aga Khan nach einem neuen Refugium für sich und seine begüterten Freunde umsah. Die schönste Stadt Sardiniens ist jedoch Alghero mit einer beeindruckenden Altstadt aus der Zeit der Spanier. Gleich danach folgt in der Rangliste Cagliari.

Spezialitäten: Es gibt ein eigentümliches, papierdünnes Brot („pane carasau"), ehemals Wegzehrung der Hirten, das mit Schafskäse, Eiern und Tomaten zu einer nahrhaften Mahlzeit namens „pane frattau" angerichtet wird. Typisch für Sardinien sind auch Grießklößchen („malloreddus" und „fregula") und Zicklein oder Spanferkel, die am Spieß geröstet werden („porcettu"). Eine besondere Spezialität des Meeres sind „aragoste" – Langusten.

Touren-Tip: Für Motorradfahrer empfiehlt sich eine Tour durch die Barbagia, das gebirgige Herz Sardiniens, mit einem Abstecher in das „Banditennest" Orgosolo. Schaurige Wandmalereien („murales") beschreiben den Freiheitskampf der sardischen Hirten.

Kleiner Restaurant-Knigge

In Italien hat sich während der römischen Antike die erste Kochkunst auf europäischem Boden entwickelt. Die über Jahrtausende verfeinerten Sitten und deren Eleganz spürt man auch heute noch. Die Italiener nehmen sich zum Essen viel Zeit und lassen sich bei der Menüwahl intensiv beraten. Der Preis spielt dabei nur eine untergeordnete Rolle.

Die Speisenabfolge: Der Italiener begnügt sich nicht mit einem Hauptgericht. Der Magen wird durch diverse Vorspeisen auf das kulinarische Erlebnis vorbereitet. Nach dem aperitivo kostet man zunächst eine der zahlreichen antipasti (Vorspeisen), zum Beispiel zarten Carpaccio oder Parmaschinken mit Melone. Dann folgt der primo piatto, meist eine Pasta, ein Risotto oder eine Suppe. Der Hauptgang heißt secondo und besteht aus einem Fleisch- oder Fischgericht mit diversen contorni (Beilagen). Zum Dessert (postre) gibt es entweder Käse (formaggio), eine süße Nachspeise (dolci, zum Beispiel Tiramisu), Obst (frutta) oder einen Kaffee (caffè/espresso).

Das verlangt die Höflichkeit: Nicht nur die Italiener freuen sich über jeden Gast, der sich nicht wie die Axt im Walde benimmt. Beim Betreten des Lokals sollte man nicht einfach auf den nächstbesten Tisch zustürmen, sondern sich vom Kellner einen Platz zuweisen lassen. Wenn man zahlen will, brüllt man nicht „Hallo Ober", sondern verlangt auf italienisch: „il conto, per favore". Wenn der Kellner die Rechnung bringt (diskret abgedeckt), legt man sein Geld darauf und erhält das Wechselgeld zurück. Der Betrag, den man als Trinkgeld vorgesehen hat, bleibt auf dem Tellerchen liegen. Zehn Prozent sollten es schon sein. Man kann auch mit Kreditkarte zahlen; das Trinkgeld legt man dann in bar dazu.

DIE VERSCHIEDENEN RESTAURANT-TYPEN

Ristorante: Mehr das gehobene Speiselokal für Geschäftspartner, wichtige Gäste und familiäre Großereignisse.

Trattoria: Die einfachere, bodenständigere und manchmal auch preiswertere Variante; meist im Familienbesitz, oft traditionelle Küche der Region.

Osteria: Das Gasthaus an der Ecke; Arbeiter und Angestellte essen hier zu Mittag und treffen sich abends auf ein Glas Wein; kleine Speisenauswahl, noch kleinere Preise – manchmal allerdings verbirgt sich ganz unauffällig hinter dem bescheidenen Namen auch ein superteurer Freßtempel.

Pizzeria: Der Treffpunkt der Dorfjugend; einfache Gerichte, günstige Preise, Benimmregeln außer Kraft.

Birreria: Keine Stehkneipe, sondern eher wie eine Osteria; statt Wein wird jedoch Bier getrunken.

Enoteca: Weinprobierstube; man testet die edlen Tropfen und ißt dazu ein paar kleine Snacks.

Tavola Calda: Findet man an jeder Autobahnraststätte; größere Auswahl an warmgehaltenen Speisen, Salate, Sandwiches; preiswert, oft zum Mitnehmen.

Bar: Gibt es an jeder Straßenecke; örtliches Kommunikationszentrum und die lokale Nachrichtenbörse; schnell einen Espresso an der Theke schlürfen, ein kleiner Plausch, und weiter geht es. Tip: Erst an der Kasse das Gewünschte bezahlen, dann mit dem Bon zum Barkeeper gehen.

Vom urigen Vehikel-Treffen im Hohen Norden (oben) bis zu den unheimlichen Wolken an Siziliens blauem Himmel (großes Bild) – Italien lockt mit Vielfalt und Faszination.